JN321743

戦国法の読み方

伊達稙宗と塵芥集の世界

桜井英治
清水克行

高志書院選書 10

はじめに

日本史や戦国時代は好きだけど、史料をどう読んでいいのかわからない。史料を読んでも苦痛なだけで、ちっともおもしろさがわからない。そんな残念な悩みをかかえる人たちは案外少なくないようだ。本書は、そうした方々に、歴史の研究はおもしろいよ、きっとまだまだおもしろくなるよ、というメッセージを届けるために編まれたものである。

歴史書や論文を読んで自分なりに理解したり、疑問を抱いたりすることは、あるていどの基礎知識と好奇心さえあれば、だれでもが自由にできる。ただ、専門的に歴史を研究しようとすると、やはり、それはそう簡単にできるものではない。とくに史料を正確に解釈して、なおかつそこから独自性のある見解を導きだすには、相応の訓練が求められるし、センスも問われることになるだろう。まして、同じような関心をもった先行研究がごまんとあれば、その困難さはますます高まってしまう。いきおい、せっかくの大志を抱いて歴史研究の門をたたいても、心折れてしまったり、戦線を思いっきり縮小して、狭い自分だけの「専門分野」に立てこもってしまう人が跡を絶たない。

でも、じつは歴史研究のいちばんの醍醐味は、「史料読み」のなかにこそある。著者の桜井さんも私も、一連の研究活動のなかで、いちばん楽しいのは、机にむかって、ときには布団に寝っ転がって、史料を読みながら、その一字一句の解釈をめぐって、ああでもない、こうでもないと、無責任な妄想をめぐらすひとときであると思っている。

ときには「おッ！ これは新解釈だ！」と小躍りすることもあるのだが、いざ論文にしようとすると自分の解釈の無理に気づいて、ガックリするという経験も数しれない。でも、たった一〜二行の記述からできるかぎりの解釈の可能性を導きだし、それをもういちど冷静な頭で点検して、取捨選択していく作業の過程は、ほかでは味わうことのできない知的な愉《たの》しみに満ちた時間である。これは私たちにかぎったことではなく、きっと多くの研究者にも共有されている喜びだと思う。ただ、残念ながら、できあがった論文や著書のなかには、（それが良質な研究であればあるほど）変に高揚した妄想の片鱗や知的格闘の痕跡は、きれいに除去されていて、読者がその「舞台裏」にまで想像をおよぼすことはできない。

でも、もし、そんな研究者の史料をめぐる試行錯誤の生の声を聞くことができたなら、難解そうな顔をした史料のまえで立ちすくんでいる多くの人たちを勇気づけることにもなるのではないか。そこで思い立ったのが、桜井さんと私の二人でひとつの史料をネタにして自由に語りあうという対談の形式で、お互いの史料解釈のテクニックを披露しあうというアイデアだった。なかには、ちょっと恥ずかしい脱線や混線もままみられるが、それも含めて「舞台裏」をのぞくおもしろさと思ってもらいたい。そして解釈の当否よりもなによりも、いい大人が泊まりがけで三日間もひとつの史料と格闘している、その様子から「史料読み」の楽しさを感じとってもらえたなら、本書の目的はほぼ達せられたことになる。

歴史について書かれたものを読むのは、楽しい。しかし、そのもとになった史料を読むのは、もっと楽しい。本書のメッセージの核心は、そこにある。

＊　　＊　　＊

では、歴史を語る魅力的な史料にはさまざまなものがあるが、いったい何を素材にしようか？　そこで私たちが熟慮のすえに選んだのは、戦国大名が国ごとに定めた分国法。そのなかでも、あえて陸奥の伊達稙宗《だてたねむね》が定めた分国法「塵芥集《じんかいしゅう》」である。

伊達稙宗（一四八八〜一五六五）は、著名な〝独眼竜《どくがんりゅう》〟伊達政宗《まさむね》の曽祖父にあたる人物である。彼が当主だった時期に、伊達家では徴税台帳としての「棟役日記《むなやくにっき》」や「段銭帳《たんせんちょう》」の作成、陸奥国守護職《しゅごしき》の獲得、近隣諸大名との幅広い婚姻など、さまざま積極的な施策がとられている。だが、彼自身は、皮肉なことに伊達天文《てんぶん》の乱で嫡子晴宗《はるむね》によって失脚させられ、失意のうちに長い晩年をすごすことになる。ただ、彼の時代におこなわれた一連の積極的な施策は、その後の伊達家が東北随一の大名に飛躍する基礎を築いたといえるだろう。

なかでも、彼が天文五年（一五三六）に制定した分国法「塵芥集」は、一七一条という、戦国大名の分国法中最大の条文数を誇るものとして、よく知られている。私たちが対談の素材として、数ある中世史料のなかから分国法、とくに、その「塵芥集」を選んだのには、いくつかの理由がある。

ひとつは、「塵芥集」が条文数が多く、また内容が仮名で書かれているために、法制史料としては異常なまでに具体性に富んでいることがあげられる。対談中でもふれるように「むて人」や「生口《いけくち》」など、「塵芥集」にはほかの法制史料にはまったくみられない独特な語彙や習俗が散見される。また、「塵芥集」には同時代史料としては稀有なほどに、さまざまな犯罪やトラブルが詳細に描かれており、それらの記述から逆に中世社会の実態や中世人の考え方にせまることが可能なのである。「戦国法」というと、どうしてもお堅いイメージがつきまとうが、中世人のリアルな生きざまにせまり、豊かな社会像を導きだすような「読み方」を追究しようというのが、本書のスタンスである。

私たちが「塵芥集」を素材に選んだもうひとつの理由は、この法典の制定事情や施行実態を物語る関連史料がいっさい残されていない、それ自体、孤立した史料である、ということもある。これは、見方によっては、歴史資料としての「塵芥集」の欠点であるといえるかもしれない。現に、近年「塵芥集」を活用した研究論文がほとんどみられないのも、こうした史料状況に原因があると考えられる。なにせ「塵芥集」しか残っていない以上、それに解釈を加えてみたところで、その解釈を裏づけたり、応用したりできる具体例がなにひとつ残っていないのである。

しかし、考えようによっては、だからこそ「塵芥集」の記述だけを徹底的に読みこむことで、新しい発見が得られる可能性もあるのではないだろうか。残念ながら、一部の研究者の書く論文のなかには、「研究論文を書く」ということを「データを並べる」ということと勘ちがいしているのではないかと思えるほど、十分な解釈を施さないままの生煮えの史料を羅列して、事足《ことた》れりとしてしまっているものがよくみられる。データベースなどで史料検索や閲覧が容易になった時代ならではのこと、といえるのかもしれないが、むしろ、そういう時代だからこそ、限定された史料をじっくり読む力を身につけたいものである。その点で、ほかに逃げ場のない「塵芥集」という史料は、「史料読み」の楽しさと難しさを同時に味わえる格好のテキストといえるだろう。かぎられた記述のなかから、どれだけ豊かな世界を汲みとることができるのか。これを「制約」とは考えず、一種の知的ゲームの「お約束ごと」ぐらいに考えて、ぜひ読者には、そのゲームの「もう一人の参加者」になったつもりで本書を紐解《ひもと》いてもらいたい。

「塵芥集」の引用は、『日本思想大系　中世政治社会思想　上』(岩波書店・一九七二年)の漢字混じり文(勝俣鎮夫氏執筆)に依拠した。原文はほとんど平仮名で書かれ、漢字の使用は一部分にすぎない。引用史料中のルビのつけられている漢字は、史料原文では平仮名であったことを示す。逆にルビのない漢字、およびルビが括弧に入っている漢字は、ともに原文でも漢字が使用されていた箇所である。対談中で「勝俣注」とよばれているものは、当該書につけられた勝俣氏執筆の校注および補注をさす。なお、本書のもとになった対談は、二〇一三年七月一九〜二一日、稙宗の居城に近い福島県福島市の土湯《つちゆ》温泉「山水荘」でおこなわれた。参加者は桜井・清水・濱久年(高志書院)の三人。桑折西山城の遺構については、福島県文化振興財団の飯村均氏のご教示を得た。

清水 克行

目　次

Ⅱ　売買のトラブルはゆるさない

Ⅳ 戦国大名の夢のあと～伊達稙宗と桑折西山城～

戦国法の読み方

序　戦国法の魅力

戦国法の成立事情

桜井　福島は温泉がいいよね。

濱　でも土湯温泉の足湯は熱すぎですね。（笑）

桜井　横に水道の蛇口《じゃぐち》つけておかなきゃダメだよ。

清水　僕は足湯にケイタイを落としてしまいました。（笑）　大丈夫ですかね、このケイタイ…。

濱　まぁ、清水さんのケイタイのことはともかく。（笑）　本題の解釈に入るまえに、戦国大名の分国法《ぶんこくほう》とはどういうものなのか、最初に一般的な理解を確認しておきましょう。伊達氏の「塵芥集《じんかいしゅう》」は天文《てんぶん》五年（一五三六）にできますけど、たしか分国法を最初につくったのは今川氏でしたね。

桜井　「今川仮名目録《いまがわかなもくろく》」は大永《たいえい》六年（一五二六）の成立だね。「大内氏掟書《おおうちしおきてがき》」は、それより古くて永享《えいきょう》一一年（一四三九）から条文がはじまるけど、「大内」は単発的にでた法令を集めた単行法令集だから、最初から法典としてつくったわけではないね。

桜井英治〔右〕・清水克行〔左〕両氏の対談
（於：山水荘　2013年7月19～21日）

清水　「大内氏掟書」を分国法に入れるかも問題ですが、きちんとした思想のもとにつくられた本格的な分国法は、やはり「今川仮名目録」が最初ですね。法制史家の中田薫《かおる》の古典的な説で、中世法には武家法と公家法と民間習俗があって、それぞれが多元的な様相を呈していたのだけど、分国法はそのすべての中世法をミックスさせたんだという説がありますよね〔中田 一九五二〕。中世の最終段階で中世法の集大成があらわれたわけですよ。そこに分国法の画期的な意味があるんだという説です。僕はそのとおりだと思いますね。分国法を読むと、たしかにそれまでは法にならなかったようなレベルの問題を法に吸いあげているので、そこに注目して読むとおもしろいですよ。

濱　慣習法といわれているものですね。そんな分国法をなぜ今川氏が最初につくったのですか。もっと分国法をつくってもよさそうな大名はいそうですけど。

清水　それはよくいわれますね。武田氏が今川氏の真似《まね》をしてつくったのが「甲州法度之次第《こうしゅうはっとのしだい》」だと学生に話すと、武田のほうが強そうなのに、どうしてそんなことがおこるんですか、とね。でも分国法としては、「今川仮名目録」がいちばんよくできていますよ。

桜井　「今川」はたいへんよくできているね。氏親《うじちか》（「今川仮名目録」制定者）の息子の今川義元《よしもと》が天文二二年（一五五三）に制定した「仮名目録追加」二一条に有名な一節があるね。

旧規《きゅうき》より守護使不入《しゅごしふにゅう》と云ふ事は、将軍家天下一同御下知《ごげち》を以《もっ》て、諸国守護職《しゅごしき》仰《おお》せ付けらるる時の事なり。守護使不入とありとて、御下知に背《そむ》くべけんや。只今はをしなべて、自分の力量を以て、国の法度《はっと》を申し付け、静謐《せいひつ》する事なれば、守護の手入《てい》るまじき事、かつてあるべからず。

もともと「守護使不入」というのは、足利将軍家が天下を支配し、全国の守護職を任命していたころの産物だが、いくら「守護使不入」の特権をもっていても将軍の命令にだけは背けない。不入権を与えたのがほかならぬ将軍だからだ。それに対し、いまはすべてにおいてわが今川家が自分の力量で国を治め、平和を保っている。つまり、いまのこの国では今川家がかつての将軍と同じ立場にあるのだから、「守護使不入」を理由に守護である今川家の介入を拒否できるなどと考えたらとんでもないことだ、といっている。

ここで重要なのは、自分の力量をもって国の法度を申しつけるという自覚だね。幕府法でなく、独自の法をもって分国を支配するのだという断固たる意志のもとで、今川氏は「仮名目録」をつくった。最初は今川だったけど、同じような意識を多くの大名がもちはじめていたのがこの時期だったんじゃないの。

清水　でも、そのことと戦国大名として生き残れるか、天下がとれるかは、またちがう話なんですよね。最後の勝者になる織田氏は本領についてはとくに分国法をもっていないわけですから。分国法をつくる大名って、どこか上品すぎるんですかね。

桜井　分国法をつくるというのは、あるていど、安定した支配領域があって、そこでやっていこうという志向があるからつくるんじゃないのかな。領土の拡大志向はあまりないと思うけど、どうですかね。

清水　分国法を定めた時点で領土の拡大志向は止まってしまう、というのはたしかにそうですね。毛利氏も北条氏も領土を拡大しつづける大名は、法典はつくらなかったですね。

桜井　ただ、単行法令のなかにも条数の多いものはあるよね。「今川仮名目録」ほどではないにしても、後北条や毛利氏にも分国法といえなくもない条数の多い単行法令があるでしょ。毛利家だったら元《げん》亀《き》三年(一五七二)の「毛利氏掟《もうりしおきて》」とか、天正《てんしょう》一四年(一五八六)の「毛利氏分国掟条々《もうりしぶんこくおきてじょうじょう》」とか。でも「早雲寺殿廿一箇条《そううんじどのにじゅういちかじょう》」や毛利元就《もとなり》の家訓《かくん》になるとさすがに分国法とはいえないかな。

清水　「早雲寺殿廿一箇条」は、どうなんでしょう? ほんとうに北条早雲(伊勢宗瑞《そうずい》)がつくったものなんでしょうかね。

濱　へぇ、ちがうんだ。まあ早雲はともかく、今川氏と同じクラスの守護大名はけっこういますよね。そのクラスの大名は、なぜ分国法をつくるという動きにはむかわなかったのですか。

清水　戦国の初期に東西でもっとも力のあった大名は、今川氏と大内氏ですよね。今川も大内も、駿河と周防という室町幕府の支配領域のいちばん端っこを握っていて、室町期には関東と九州ににらみを利かすことを幕府から期待されていますね。そうした経緯のために、室町時代から今川氏と大内氏は、ほかの守護にくらべて独立性が強いところがあって、そのことと今川・大内のもとで最初の分国法が生まれたというのも、あるいは関係あるかもしれないですね。

桜井　在京している守護は、ダメなんだね。室町幕府は守護在京が原則なので、在京させられていた大名は、分国をしっかり支配できなかった。でも大内氏と今川氏は西と東の最前線にいたからしょっちゅう在国を許されていた。だから、自分の手で分国を支配しようという自覚が早くから芽生えたのだろうね。大内・今川の分国よりも内側の諸国になると、なかなか国元へ下らせてもらえなかったから、分国をうまく支配できなかったのかもしれないね。

守護の在京原則は、将軍にとってみれば、守護たちが分国に根を生やすのを防ぐのがひとつの目的で、守護が自立しないように在京させておくのだから、彼らが戦国大名化できなかったということは、将軍の思惑どおりにいっていたということでもあるんだよね。やはり例外的に在国を許されていた守護は分国に根を張りやすい。その点で、在国することの多かった今川から最初の分国法が生まれてきたのは、なるほど筋が通るね。

清水　偶然ではないですね。分国法の成立背景と今川・大内氏の室町期の位置づけというのは、これまであまりいわれていなかったことですね。

濱　伊達氏も分国が安定してきたから、「塵芥集」をつくったのですか。それとも乱れていたから法をつくったんですか。

桜井　むしろ、つくったから混乱したんじゃないの。やりすぎてさ。稙宗《たねむね》は前例にない陸奥国守護に任じられたり、税収を増やすために「棟役日記《むなやくにっき》」(一五三五年)や「段銭古帳《たんせんこちょう》」(一五三八年)をつくったりして、戦国大名としての権力基盤を固めるためにかなり無理をするでしょ。その一連の政策のなかに「塵芥集」の制定も位置づけられるわけだけど、改革が急進的すぎて、やがて自分の首を絞めることになるんだね。

渡りの法曹官僚と分国法の個性

桜井　分国法がどんなふうにつくられるかというと、「塵芥集」のばあいは、稙宗が一人で考えている場面が思い浮かぶのだけど、ほんとうにそうなのかどうか。それともブレーンがいたかね。

清水　笠松宏至《かさまつひろし》さんは「結城氏新法度《ゆうきししんはっと》」が風変わりな分国法だという理由として、おもしろいことをいっていますね［笠松　一九八四］。ほかの大名の分国法が似ているのは、いろいろな家を渡り歩いているような諸方兼参《しょほうけんざん》の法曹《ほうそう》官僚たちがいて、彼らが法律情報を伝達していたからではないかとね。それにくらべて「結城氏新法度」は、そうしたブレーンを交えずにワンマンな領主がプライベートな感じで書いているから、かなり特殊な文体・形式になったのではないかということです。それだけ分国法の成立には渡り歩く法曹官僚層が無視できないということですが、しかし、実態としてそうした階層の存在を指摘するのはむずかしいですよね。

桜井　「今川」と「甲州」は系統関係にあることが一目瞭然だけど、そのほかのものははたしてどうなのかな。渡りの明法家《みょうほうか》や幕府の奉行人くずれみたいな者が関与していることが直接わかる材料はあるのかな。

清水　ないですね。

桜井　たぶんそうだろうね。

清水　ただ、「大内氏掟書」は室町幕府法を絶対意識していますよ。すごく似ています。

桜井　大内氏の息のかかった奉行人は、幕府のなかにもいるしね。

清水　安富《やすとみ》氏なんかは、細川氏と大内氏の両方に一族が仕えています。
桜井　大内氏にはブレーンがいた可能性は大だね。
清水　逆に肥後の相良《さがら》氏なんかは「相良氏法度《さがらしはっと》」をつくっていますけど、ほとんど室町幕府法の影響はうかがえない。地理的にも幕府に相手にされてなさそうですね。（笑）「塵芥集」にブレーンがいたかいないかは、また改めて考えてみる必要がありそうですね。

あとがきのおもしろさと仮名書きの意味

桜井　分国法の巻末に、大名当主だけが単独で署名しているものがあるよね。「塵芥集」は、稙宗の署名のあとに、法の遵守を誓った家臣たちの起請文がついているけど、「今川仮名目録」は短いあとがきと氏親の署名だけ。そのあとがきの内容だけど、字面だけをみれば、「連々《れんれん》思い当たるにしたがひて、分国のため、ひそかにしるしをく所なり」とあるから、氏親一人で「あれも決めなくちゃな、これも決めなくちゃな」と思いつくたびに書きためていったのがこれですよってわけでしょ。これがほんとうにそのとおりなのか。「塵芥集」もおもしろいけど、「仮名目録」もおもしろいね。とくにあとがきはおもしろいね。

右条々、連々思当るにしたがひて、分国のため、ひそかにしるしをく所也。当時人々小賢《こざか》しくなり、はからざる儀共相論之間、此条目をかまへ、兼てよりおとしつくるものなり。しかれば贔屓《ひいき》の誇《そしり》有

べからざる歟《か》。かくの如きの儀、出来之時《しゅったい》も、箱の中を取出《とりいだし》、見合《みあいに》裁許あるべし。此外天下の法度、又私にも先規よりの制止は載するに及ばざるなり。

なぜ「仮名目録」をつくったかというと、最近は、人びとが小賢しくなって、思わぬことが相論《そうろん》になってしまうので、この法典をつくって、事前にそなえておくんだ。そうすれば、えこひいきの判決を下したなんて謗りをうけないですむ。裁くのがむずかしい事件がおきたときには、箱のなかから取りだしてこの法典をみて判決を下しなさい、というわけだね。ただし、「天下の大法」と今川家が過去にだしてきた法令は改めて載せていない、というのだから、「仮名目録」全体がある意味では追加法だよね。

清水　追加といっていいですかね。

桜井　「私にも先規よりの制止は載するに及ばざるなり」というのは、氏親自身もいままでにいろいろな単行法令をだしてきて、それは改めて載せない、ということでしょ。

清水　なるほど。でも、そういう大名当主の律義さと仮名書きというのは、どんな関係にあるのでしょうね。「塵芥集」もそうだけど、法の受容層としての庶民というものを意識したから仮名になったのか、それともひじょうにプライベートなものだから、ただ仮名で書いたのか。最近、菅原正子さんは仮名書きの分国法は漢字を読めない層に広く読ませるために仮名で書かれたのだろうといってますね［菅原 二〇一三］。たしかに室町幕府の徳政令などは漢文と仮名の二種類を使いわけていて、あきらかに仮名書きは大衆に対してアピールするという意図がありますか〔前川 一九九五〕。でも仮名書きには、作者のリテラシーに制約されてそうなったという可能性はないのですかね。「今川仮名目録」も「塵芥集」も仮名なのは、むしろ氏親や稙宗の識字能力の問題かもしれない。

桜井　「結城氏新法度」も「塵芥集」も仮名だね。仮名はたしかにリテラシーの問題もあるけど、当主の人格が出ているよ。譲状《ゆずりじょう》を仮名で書く原則と通じるものを感じるけど、まさに制定者の魂がこめられているという感じかな。

清水　「結城氏新法度」は、正式な漢文では表現できないような微細なレトリックを使っていますね。「塵芥集」でも、「やりこ」とか「むて人」なんて言葉が出てきますが、これも簡単には漢字はあてられないですよ。仮名書きならでは、ですね。

濱　「今川仮名目録」は当主一人がコツコツと書きためてできたのですか。

桜井　あとがきの「思い当たるにしたがひて」を素直にとれば、氏親が枕元にでも筆と紙を常備しておいて、夜中に起きだしては「これも決めておいたほうがいいな、あれもいるな」って呻吟しているシーンが思い浮かぶけどね。まにうけすぎだといわれるかもしれないけど、少なくともあとがきの心は、そうだよね。仮名か漢字かということでは、「甲州法度」が「仮名目録」をほとんど丸写ししながら、漢文に直してしまったのはなぜか、という問題もあるけどね。

中世史のおもしろさがわかる

清水　分国法の魅力ということでいえば、勝俣鎮夫《かつまたしずお》さんが「史料解釈の源泉」というエッセイのなかで、「座右の書」として「塵芥集」をはじめ一二家の分国法を収録している『中世法制史料集3　武家家法I』(岩波書店、一九六五年)をあげられていますね〔勝俣一九九八〕。でも、そのなかで勝俣さんは、自分でも自信をもって解釈できる条文はそのうちの半分、残りのうち四分の一は、まず訳をつけることもできない、さらに残りの四分の一は、訳はかろうじてつけることはできるけれども、なんでこんな法律をつくったのか意図がわからない、といわれています。勝俣さんですらそうだというのは、魅力と裏腹の関係で分国法のむずかしさでもありますね。自信をもって解釈できるのが半分というのは、勝俣さんは謙そんされて控えめな言い方をされたのでしょうか。

桜井　さすがに半分はないだろうけど、かなり解釈しきれないものが残っているのはたしかだね。

清水　わかった気にはなれる。でも解釈できない。でも、それって考えようによっては、分国法は宝の山ということですよね。

　それと分国法の魅力ということでいえば、ドラマやアニメなどで世間に流布している戦国大名のキャラクターがあるわけだけど、特定の大名のキャラクターがわかる史料でほんとうに信用できるものがあるかというと、有名な人でもそんなにはないですよ。毛利元就のように、異常に筆まめでプライベートな書状をたくさん書いている人ならば、その性格は少しウジウジしているとか、だいたいはわかりますけど、かなり有名な戦国大名でも世間に広がっているイメージは、江戸時代以降の軍記などをもとにしてつくられていますよね。

そのなかで「塵芥集」を読むと、伊達稙宗の肉声がリアルに伝わってきます。さっき桜井さんがいわれたように、分国法から法だけを読みとるのではなくて、当主のキャラクターを知ることができるとすれば、それもまた分国法の魅力ですね。一七一ヶ条にもわたってこまごまと決まりごとを書き残さなくてはならなかった稙宗のモチベーションは、どこから来たのか？　稙宗はどんな性格だったのか？　今川氏親も結城政勝もそうだけど、とくに稙宗の「塵芥集」については、これほどまでに大名当主がなにかを叙述した記録はほかにないでしょう。そこもまた「塵芥集」の魅力ですね。

桜井　「早雲寺殿廿一箇条」のような家訓に近いものまで入れれば、肉声の伝わる史料はほかにもないわけじゃないけど、分国法は、領主たちが直面しているひじょうにローカルな問題がわかるね。その土臭さが魅力じゃないかな。仮名だからというのもあるけどね。

日本史を専攻していない学生むけの授業で、漢文を読み慣れていない学生に「中世とはなにか」を手っとり早く知ってもらうには、やはり仮名のほうがよくてね。「今川仮名目録」もそうだけど、「塵芥集」も仮名書きだから、正確に解釈できるかどうかはともかく、字面だけはとりあえず読める。しかも、現代とはまったくちがった理屈がまかりとおっている世界でしょ。みんなびっくりしてね。「中世とはこんな時代だから、みなさんは既成の観念を捨ててのぞみなさい」といいたいときに、「塵芥集」を読ませるとひじょうに説得力がある。

清水　僕も明治大の大学院で日本史じゃなくて日本文学の演習を任されたときに「塵芥集」を使いました。みんな驚きますよ。

桜井　驚くし、みんな興味をもつね。「なんだこれは！」ってね。
濱　授業では、どんな感じで教えるのですか。
桜井　学生にまず現代語訳してもらって、そのあと、なぜこんな条文を定めたのかとか、その条文の前提には当時の人びとのどんな常識や価値観が潜んでいるのかとか、そういうことを考えてもらう。
清水　まったく同じです。
桜井　「御成敗式目《ごせいばいしきもく》」でも鎌倉幕府追加法でも、室町幕府追加法でもいいけど、漢文で書かれているのと、もうひとつはちょっと洗練されすぎててね。しっかり読みこめば、中世社会像もそれなりに浮かびあがってくるんだけど、なんとなく土臭さが消えちゃってるかな。「こんなことに困って、こんな法をつくったんだ」というところがすぐには浮かびあがってこないところがあるでしょ。それに、やはりみんな戦国大名が好きだから、「この大名はこんなものをつくったんだ」と、その大名の意外な一面がみえてきて、また新たな興味がわいてくるということもあるだろうしね。

戦国大名のイメージ

桜井　それにしても、世間的な今川の評価は低すぎるね。お歯黒して貴族面してって感じでさ。でも、今川はすごいんだよという話を学生にするんだけどね。
清水　今川のすごさは、学生にはなかなかわかってもらえないですね。
桜井　印判状《いんぱんじょう》でも最初に手がけたのは今川だよという話をすると、みんな意外そうな顔をするよね。後北条氏も、支配が細かすぎて人気がないね。戦国大名の到達点というとどうしても後北条の話になって、とくに行政面では、知行制とか検地とか、なんでもしっかりやっているでしょ。けれども人気はないね。(一同爆笑)

清水　今川が信長の引き立て役だとすれば、後北条はやはり秀吉の引き立て役みたいなイメージですかね。

桜井　後北条は支配が細かすぎるんだよ。早雲からして細かい人間だからね。夜は女房を信用しないで自分で見まわってから寝ろとかね。後北条は代々そういう血を引いた当主でね。後北条のイメージはひじょうに役人的で、お役所仕事をいかめしい顔をしてやっている感じだよ。

濱　早雲は、もともと役人筋の人ですしね。

桜井　後北条の行政は万事がそうでしょう。「人気がないのもわかるでしょ」って学生には話すんだけどね。(一同爆笑)

　後北条は内政の人というのかな。その内政の大名にくらべて、信長とか外向きの大名って、内政は意外にずさんでしょう。拠点にしても、分国が広がっても小田原を動かない後北条と、信長のように広がったらどんどん前線に移っていく人とね。

清水　それはキャラクターというか、思想のちがいですよ。ふつうはそう簡単には拠点は移らないですね。毛利氏だってずっと吉田郡山《こおりやま》の奥まった山のところにいます。むしろ信長は少し異常なのかな。

戦国法の魅力と「塵芥集」

桜井　なんだか「塵芥集」から話が離れてしまったけど、もういちど仮名書きの問題にもどると、初学者には仮名書きがいいだろうなと僕らが思うのと、稙宗が仮名書きを選んだのって、意図として通じる部分もあるのかな。仮名書きには筆者の人格がこめられているという問題とは別に、リテラシーの問題というか、受容する人たちにも身近に読んでもらうには仮名書きのほうがいいということなら、「御成敗式目」の精神とも通じますかね。

清水　北条泰時《やすとき》が消息《しょうそく》のなかで吐露している「この式目は只《ただ》かなをしれる物の世間におほく候ごとく、あまねく人に心へやすからせんために、武家の人へのはからひのためばかりに候」（この式目は仮名だけを知っている人が世間には多いので、広く人びとに納得されやすいように、武士の便宜のためにつくった）という式目の精神ですね。

桜井　そこまではっきりとは書いていないけどね。「塵芥集」の冒頭のところは、これも「これによりて京都の御沙汰、律令のおきて聊《いささ》かも改まるべきにあらず」という「式目」の方針と通じるんだけど、「**先々《せんせん》の成敗《せいばい》におゐては、理非《りひ》を糺《ただ》すにをよばず**」、つまり「遡及効果はありませんよ」と書いてあるだけだからね。

清水　つまり、「塵芥集」制定以前のトラブルの処理については、さかのぼって「塵芥集」の規定を適用することはありませんよ、という断り書きですよね。それよりは、むしろ最後の起請文の部分。ここもほとんど「式目」の最後の部分の直訳だけど、そのなかで一部分だけ稙宗がオリジナルで書いているくだりがありますよね。

蒙昧《もうまい》の族《やから》、道理《だうり》をもちながら、詞《ことば》に述《の》ぶる事を得《え》ず、賢《さか》しき人の非分《ひぶん》と愚《をろか》なる人の理運《りうん》と、これを料簡《れうけん》いたさずば、且《かつう》は不便《ふびん》のいたり、且《かつう》は憲法《けんぱう》の理《り》を曲《ま》ぐるに似《に》たり。

正しい側なのに無知であるばかりに正当性を主張できず、ずるがしこい者の不当と愚かな者の正しさとが適正に判定されなければ、正しい者が気の毒だし、社会正義を損なうことになる、と。このあたりの思想は、あるいは「式目」の精神の延長線上にあるといえるかもしれませんよ。

濱　なるほど。ところで、「塵芥集」は史料としては、かなり手ごわいのですか。

桜井　おもしろいけど、それだけでは論文にしにくいね。関連史料がほとんどないから伸びないんだよ。対談のかたちでとりあげるのが最善なのかもしれないね。やり方としては、「塵芥集」のなかだけで無矛盾性を追求していくしかないね。

清水　「塵芥集」のなかだけで整合的に解釈する。

濱　中世の普遍性を求めようとするのはむずかしい？

桜井　中世を貫いている慣習法と照らしあわせることはできるけどね。

清水　「塵芥集」にしか書かれていない下人《げにん》の情報などは貴重ですね。ほかの事例も同じように説明できるとおもしろいですよ。

I　犯罪者をつかまえろ

1　山の世界は無法地帯？　～アジールへの挑戦1～

第I章では、検断《けんだん》（刑事裁判関係）をめぐる問題を扱う。
山の奥には伊達氏の支配もおよばない独特のルールが生きていた。狩人と山賊と村人——。生業こそ異なるが、彼らの実態は意外な重なりあいを示している。「塵芥集」を読み解くことで、侍や農民だけでない、中世社会のもうひとつの姿もみえてくる。まず最初は、ほかの中世史料ではなかなかみえてこない中世の〝山〟の世界と、そこにうごめく人びとの生態に「塵芥集」の条文からせまってみたい。はたして伊達稙宗は、そうした独自の世界に対して、どのようなかたちで支配を浸透させようとしていたのだろうか。

狩人とは何者か

清水　そろそろ具体的に「塵芥集」の内容に入りましょう。ちょっと風変わりな内容ですが、中世社会のなんたるかを知ってもらううえで、格好の条文が僕は65条だと思ったので、そこから読みましょう。

65一　山中行《ゆ》き帰《かへ》りの人を、盗《ぬす》人、狩《かり》人となずらへ、人の財宝《ざいほう》を奪《うば》いとる事、その例多《れいおほ》し。しかるうへは、いまより後《のち》、狩《かり》人路次中より三里《り》の外《ほか》にしてこれをなすべし。三里《り》の内《うち》にて狩《かり》をいたし候はゞ、盗《ぬす》人の罪科《ざいくは》たるべし。たゞし狩《かり》人鹿に目《め》をかけ、追《を》ひ来《きた》らば、是非にをよばざるなり。又山人（やまびと）たき木をもとめ深山《みやま》へわけ入（いる）のとき、山立狩《たちかり》人となずらへ、山人を取《と》る。しかるに山人不慮《ふりょ》にのがれきたり、狩《かり》人を見知《し》るのよし申出《い》でば、くだんの盗《ぬす》人、たとひ真《まこと》の狩《かり》人なりとも、山人の口《くち》にまかせ盗賊《たうぞく》の罪科《ざいくわ》に処《しょ》すべき也。

まず最初の文で、盗人が「狩人となずらへ」て、山中に出入りしている人の財宝を奪いとる例がひじょうに多い、とあります。この「なずらへ」ですが、僕たちが底本にしている『日本思想大系　中世政治社会思想上』で勝俣鎮夫さんがつけた頭注(以下、勝俣注とよぶ)では「よそおい。かこつけて」とあります。つまり、「盗人が狩人に扮《ふん》して強盗をはたらく」ということのようですが、ちょっとひっかかるのです。むしろ、あとのほうを読んでいくと「狩人だと称して財宝を奪いとる」ではないかなと思うのです。

そのあとの文では、したがって今後は紛らわしいので、ちゃんとしたまっとうな狩人は道路から三里離れたところで狩猟活動をしろ、といっています。「盗人と紛らわしいから狩人は狩りをするなら山奥でしろ」ということですよね。それにつづいて、もし道路から三里以内の土地で狩猟活動をしたならば、まっとうな狩人とはいえ、盗人と同罪だ。ただし、狩人の見つけた鹿が逃げていってしまったばあいには、それを追いかけて道のほうに近づいても問題はない、とあります。

後半に行きますね。また、山で採集活動をしている山人《やまびと》がたき木を拾っていて、思わぬ山奥に迷いこんでしまったとき、山立《やまだち》(山賊のこと)がまた「狩人とならずらへ」て山人を「取る」ことがある。「取る」というのは、山賊が山人を拉致するということですよね。ここでもまた「狩人となずらへ」が出てくる。そして、山人が山賊に拉致されそうになったところを、あやうく逃げてきて、狩人と名乗る者に襲われたのだと伊達家に通報したならば、その盗人は、たとえ真の狩人であったとしても、山人の証言にもとづき処罰する、という内容です。

ここで「たとひ真の狩人なりとも…罪科に処すべき也」という言い方をしているということは、どういうことでしょう? これだと「真の狩人」だったらば、本来は「深山に分け入ってきた山人を拉致してもよい」という意味になりませんか。前半は「狩人となずらへ」て、山に入ってきた人から強盗行為をはたらく。後半は「狩人となずらへ」て、たき木を求めて山奥に入ってきた人を拉致してしまう。そこから考えると、「狩人となずらへる」というのは、たんなるテクニックとして、狩人の扮装をして安心させて、強盗なり拉致をはたらくということ以上の意味があると思ったのです。

桜井　なるほどね。

清水　狩人には一種のテリトリーがあって、そのテリトリーのなかに関係のない人が入ってくると、財産であれ身柄であれ、拘束されても文句はいえないというルールがあったのではないですかね。「塵芥集」のなかの言葉でいえば「深山」が、それにあたりますね。

桜井　勝俣注の「よそおい」という訳をみて、その解釈でいいのかなと思っていたんだけどね。でも、清水君の解釈では、「狩人のふりをして獲物に近づく」のではなくて、「狩人なんだから襲ってもいいぞ」ということだね。たしかに「狩人となずらへ」のあとに、「その人に近づき」にあたる部分がないよね。「狩人になずらへ」のあと、いきなり「人の財宝を奪いとる」が来て、あいだにもう一言あれば、「ふりをして」みたいな解釈もできるけど、前半も後半も「なずらへ〜とる」になっているからね。そこはたしかにいわれるとおりだな。

清水　狩人のエリアに来たのだから、襲われても文句はいえない。

桜井　ナワバリ論から解釈しうるのではないか、ということだね。

清水　このばあいは、山賊の正統性の根拠に「狩人」があるということです。

桜井　たしかに「狩人のふりをして」と訳しても、「よそおい」と訳しても、解決しないね。狩人と称すれば、相手は油断するのか、ということになってしまうからね。

清水　「ちょっと道を聞きたいのですけど」って、近づいていって…。

桜井　「山賊かと思ったら、狩人さんですか。ホッとしましたよ」ってことになってしまうね。それはおかしいってことだね。

清水　そうです。

桜井　なんで狩人のふりをすると、襲いやすくなるのかという理屈はたしかに不自然だね。その不自然さを嫌った解釈だね。

清水　「塵芥集」の魅力でもあるのですけど、狩人の生態を描いている中世史料はほかにないですよね。

地理的にいうと、のちのマタギにつながるような東北の人びとなのですかね。

桜井　この条文でもうひとつおもしろいのは、「山人」と「狩人」が同じ山の民なのに、また別種なんだね。

清水　「山人」は狩りはしないのかな。たき木を拾うくらいですかね。

桜井　条文をみると、狩りはしないね。「山人」と「狩人」は、同じ山を活動エリアとしながら別種の存在で、たしかにこれは解釈のむずかしい条文だと思うよ。

清水　民俗学では否定されていますけど、サンカとか野人《やじん》といったイメージを少し連想させる世界ですね。異民族とまではいいませんが、「狩人」はなにか不思議な人たちです。

桜井　同じ山をエリアとしながらも、「山人」という別種の人がいて、「山人」は「狩人」を称する山賊の獲物になってしまう。植宗は、何をもとにして書いたんだろう。ふつう、こんなのを思いつかないよ。

清水　最初に「その例多し」とあるから、きっと狩人のふりをして強盗するヤツが多かったんですよ。植宗の耳に入るくらいにね。

山賊と狩人

桜井　やっぱり頻発していたのだろうね。海賊は瀬戸内を中心にけっこう史料があるので、あるていど実態はわかっているけど、山賊はわからないね。その意味でも「塵芥集」は貴重な史料のひとつだよ。

ただ、山賊は海賊ほどの大武士団じゃないね。日本の海賊は一大武士団になりうるけど、山賊はならないでしょう。

清水　コソ泥っぽいですよ。

桜井　以前、日本の山賊の話を報告したとき、トルコ史の先生が「日本の山賊はさえないですね」っていったのを思い出したよ。（一同爆笑）　トルコあたりは大陸だから、馬賊《ばぞく》ではないけれども大集団で襲うのでしょ。日本の海賊にはそのイメージがあるのだけど、山賊は散発的でね。

清水　秀吉も海賊停止令は出しているけど、山賊停止令は出さないですしね。そういえば、黒澤明監督の映画「七人の侍」で、戦国時代の村を襲う野武士の集団が出てきますけど、あんな大盗賊団なんかも現実の戦国社会では考えられないですよね。あれは西部劇のインディアンかなんかのイメージですよね。

桜井　山の世界はそれほどキャパシティがないし、輸送ルートとしても山道は主要ルートではないので、略奪の規模も小さくならざるをえないのだろうね。問題は「狩人」だね。

清水　彼ら狩人のテリトリーは、道から三里離れているんですよね。そうとう深い奥山になりますか。

桜井　でも当時の一里は四キロでなくて、六四〇メートルくらいだから、三里は二キロほどだね。そんなに奥深くはないけど、でもたしかに狩人のふりをして近づくというだけでは、解釈としては清水君のいうとおり安易だね。

濱　ひとつ確認ですけど、山賊と狩人はイコールではないのですね。

清水　山賊は狩人の真似《まね》をしている連中で違法だけど、狩人は合法なのです。

桜井　条文から読みとれるのはそうだね。それに対して狩人は、理屈でいえば、合法的に襲うことができる。

清水　山賊は、狩人だと偽って掠奪をはたらいているヤツらで、それはいけないことだから罪科に処される。

桜井　狩人ならば、通行人を襲ってもよい。

清水　でも稙宗にいわせれば、これからは狩人も人里から三里以内に近づいてはいけない。それから、今後は「真の狩人」であっても「深山」に入ってきた山人を拘束してはいけない、ということになるみたいです。

桜井　「塵芥集」を定める以前の初期設定としては、わがテリトリーに入ってきた者は、襲ってもかまわない。

清水　でも、拉致してどうするんでしょうね。

桜井　この「山人を取る」は、略奪のことではないの？

清水　「人取り」ではなくて？

桜井　殺して奪うことではないかな。とくに人質ということではないと思うけど。

濱　拉致して売り飛ばすことはないのですか。

清水　たしかに俗世間と離れたエリアで生活している狩人が人間を拉致しても、交易ルートには乗せられないから、拉致する意味はないですね。この「取る」の漢字は、底本の校訂者があてたもので、もちろん、もとは仮名の「とる」ですよね。

桜井　殺して略奪することじゃないのかな。それにしても、これはむずかしいな。逃れてきた山人が「この人に襲われた」と報告して、調べてみたらほんとうの狩人ではなく、山賊が狩人のふりをしていたケースと、そうではなくて、ほんとうの狩人だったケースと両方あった。狩人ではない山賊が襲ったばあいはもちろん罪科だけど、ほんとうの狩人が襲ったばあいでも、結局は罪科に処するんだよね。

清水　それは「塵芥集」制定以後の話で、稙宗の願望としては両方のケースを、以後は同様の不当行為として処理したかったのじゃないですか。でも、わざわざ二つのケースを別立てにしているということは、それ以前のあり方としては「狩人」は免罪されていたのではないか、というのが僕の解釈です。

桜井　たしかに「狩人となずらへ」というのはむずかしいね。

清水　ただ、僕もそうは解釈しておいて、これでいいとも思えないのです。だって、山のなかに日常的にそんな連中がいるというのは、どんなに恐ろしい社会なんでしょう。(笑)

そもそも狩人側の行為に正当性があるとしたら、どんな理由なんでしょう？　自分の狩りのエリアのなかによそ者が入ってきて、自分たちの獲物にちょっかいをだそうとしたとか？　あるいはテリトリーのなかに入ってきたら、それはもう「獲物」といっしょなんだとか？　狩人側の理屈として考えられるのは、そんなもんですよね。

アジールの極小化

濱　稙宗はそんなことを法に定めて、どうしようとしているのですか。

清水　そうした独自のルールにもとづいた狩人の世界を限定しようとしているのでしょう。でも、そうした世界を否定することはできない。そういった世界を俗界から切り離そうとはするけど、否定はしないで存在自体は許している。

桜井　したがって、この法が履行されれば、山道周辺には狩人はでないので、狩人と称しているヤツらは、みんな盗人になる。そういう状況をつくろうという立法だけど、山に制札か何かを立てて、公布したのですかね。

清水　そう、そこがわからない。これじゃ、当事者には届かないですよ。

桜井　「塵芥集」の性格そのものにかかわるのだけど、大概の条文は、難解な訴訟がおきたときに、裁判にあたる奉行人たちが困らないように制定された、いわば裁判官むけのマニュアルなんだけれども、この条文は三里以内に入ってはダメだよとあらかじめ周知しておかないと意味がないね。周知はどうしたのだろうか、という疑問が出てくるね。

清水　「塵芥集」には写本が何種類かあるんですが、それは稙宗が写をいくつもつくらせて重臣たちに配布したために、いまに伝わったと考えられています(『中世法制史料集3』解題)。稙宗としては、山人・狩人にまで届くかはわからないけど、重臣クラスには周知させようという意識はあったのではないですか。

桜井　それを受けとった重臣たちは、それぞれの領内の街道沿いにでも制札を立てるかしたのかな。

清水　稙宗としては、できればそれをやってほしかったのではないですかね。

桜井　意図としてはそうだろうね。

濱　伊達の領国だったら、山道もそれなりに幹線道路になるんですか。

清水　ここでいっている「路次」というのは、そうした幹線道路のことをいっているんですかねぇ。

桜井　前半と後半は、どうなっているのかな。「又山人たき木を…」以下は、別に街道沿いではなくて、深山に分け入るだね。

清水　前半は狩人のほうが下りてきて人里に近づいたパターンで、後半は山人がまちがって狩人のエリアに入っていってしまったパターンではないですか。

桜井　前半は「山中行き帰りの人」だから道沿いで、後半は深山。

清水　「深山」は、やはり禁断のエリアなのでしょう。

濱　狩人は里の人とのコンタクトはとっていたのですか。

清水　どうなんでしょうね。獲物の肉だけを食べて生きていくわけにはいかないから、交易は存在したんでしょうけど。無言交易みたいな世界で、案外この時代には、ほかの人たちとはあまり接触しないような人が、山の世界にはいたのかもしれませんね。

桜井　まさにサンカの世界だよ。そうすると、全体的には狩人のナワバリを縮小していこうというか、限定していこうということだろうね。「在所」への踏みこみといった、イエ支配の制限にかかわる条文がたくさん出てくるのも「塵芥集」の特徴だけど、基本的にはアジールというものをどんどん縮小しようという大きな流れの一貫ではあるね。

清水　手のおよばないところをなるべく極小化していこうとする。そのことは、次節の「門垣を切る」ともつながる話ですね。

山賊集団の郷村

桜井　そのまえに山賊との関連でいうと、犯罪発生地の郷村《ごうそん》が山賊の嫌疑《けんぎ》をうけている条文が33条にあるね。

33　一　他国《たこく》の商人《あきんど》・修行者《しゆぎようじや》、殺《ころ》さるゝ事あらば、罪科《ざいくわ》にいたつては、その村里《むらざと》にあひ留《とま》るべきなり。たゞしかの郷内《がうない》のもの一人なりとも、くだんの科人《とがにん》を申出《い》で候はゞ、その村中《むら》の安堵《あんど》たるべき也。

漂泊の人びとである他国の商人や修行者が殺されることがあったら、その犯罪発生地の村里の犯罪と認定する。ただし、疑いをかけられた村の者が一人でも、真犯人を指名できれば、その村は嫌疑を逃れられる、ということだね。

ということは、他国人が殺されたばあいには、犯罪発生地の村はかぎりなくクロになる。だから、ここでの挙証責任は村にあって、村が無罪を証明しなくちゃいけないということだね。ふつうに考えれば挙証責任は伊達家側にあって、いくらそこで殺されたといっても、もっと明白な証拠をだしてくれなきゃ承伏できないということになるよね。ところが、ここで殺されたのだから、おまえたち村ぐるみの犯行だろうと認定する。もしそうでなかったら、それを証明しろといっているよね。ここで挙証責任が村側になってしまうのは、さきほどの「その例多し」でいえば、山賊の村だよね。

当時は、刑事事件でも訴人《そにん》がいなければ立件しない、中世的な当事者主義がまだあるていど生きていた時代でしょ。すると他国人は、訴え出る人がいない可能性が高くてね。遠いところで死んだのだから、それについて訴訟がおきにくい案件なので、それをいいことに他国人はねらわれるわけだね。

清水　死んでもだれも損はしないわけですからね。

桜井　どうせ他国人を殺したって、だれも訴え出てこない。闇に葬れるだろうってことだね。こうした例もかなり多くてね。他国人というのは一種の平和喪失者だから、他国人ねらいの山賊の村というのもおおいにありうることだね。同じような条文が64条にあるね。「塵芥集」は内容の重複する条文が多いのも特徴で、33条と64条もひじょうによく似てるね。

64　一　他国《たこく》の商人《あき(んど)》、其外往復《わうふく》の万民《ばんみん》、或《あるい》は山立《たち》、或《あるい》は事を左右《さう》によせ、人の財宝《ざいほう》を奪《うば》ひとる事、後先《あとさき》の郷村《がうむら》の越度《をつと》たるべし。たゞし、かの科人《とがにん》申出《い》づるにおゐては、其咎《とが》をのがれべきなり。

清水　33条は村のなかで殺されたばあいで、64条は村と村のあいだの野山や峠みたいなところで襲われたパターンではないですか。

桜井　なるほど、「後先」とあるからね。64条は山だね。

清水　それで、33条は村のなか。

桜井　「後先」を活かせばね。法の構成も33条といっしょだね。無罪の挙証ができなければ「後先の郷村の越度」とあるから、山の一方の麓ともう一方の麓の両方の村がかぎりなくクロにされてしまう。

清水　あるいは、33条は殺人罪ですけど、64条は盗人なので、ここに挿入されたのかもしれませんね。「塵芥集」では、16〜40条が殺人罪で、41〜75条が盗犯罪(および準盗犯罪)という構成をとっていますから。

桜井　でも背後にある実態は、33条も64条もいっしょだね。山か平地かという問題もあるけど、「里」に平地というニュアンスがあるとすれば、33条は平地かもしれないね。65条は盗人関連なのかな。もしくは64条の「山」に引きずられた可能性もあるね。

「塵芥集」にブレーンがいなかったと思うのは、前の条文からの連想で書かれている条文がけっこうあるんだよね。山についてふれたから、「山であのことも思い出した」って山つながりで次の条文が書いてあったりしてね。なにか連想ゲーム的に条文がならんでいるところがあって、そのあたりの素人臭さが、専門家集団がつくったというよりは、稙宗が一人でつくっていたんじゃないかとにおわせるんだね。

清水　その連想のおかげで解釈するときに前後の条文とのつながりで意味が決まることもありますね。

桜井　あれを決めたら、これも思い出したぞという感じで、次の条文がつながるところがけっこうあるような気がしてね。

清水　ただですね。さっきの問題にもどりますが、他国の商人が殺されると、別の問題として「国質《くにじち》」の問題がおきませんか。

濱　「国質」って？

清水　「国質」とか「郷質《ごうじち》」といったりもしますが、この時代の人は個人の過失と集団の過失を同一視してしまう傾向があって、ある人物から過失の償いがはたせないばあい、相手側はその人物の所属する集団の任意のだれかに償いを要求することがあるのです。過失を犯した張本人のかわりに、彼と同じ集団のだれかにオトシマエをつけさせる〔勝俣 一九六九〕。

濱　なるほど。

清水　64条のケースでも、一概に他国の商人は死に損といえるかというと、ヘタすると国質の論理にもとづいて、本国のほうからなにか報復がおこなわれる危険もあるのではないですか。あとの条文でも他国者の問題に関してはすごく気をつかっていますよね。33条の勝俣注では、当面は被害者や遺族が存在しないはずの他国人の死に対して、伊達家があえて自主的に犯人追及しているのは、伊達氏の検断が一方で職権的におこなわれていた証拠であると指摘されています。でも、一方で国質レベルの問題がおこると、伊達氏が責任を問われて表に立って交渉させられる可能性がありますよね。だから、一見すると職権的にみえるけれども、じつは伊達氏は他国人が殺されることに、いちばん気をつかっていたのではないですか。

桜井　国質で問題になるような被害者は、本国でそれなりの人物だったのではないのかな。

清水　その点では、たしかに33条に出てくる「修行者」なんかは、本国にとっては殺されてもたいして問題にならない人物だったかもしれませんね。

桜井　中世的な当事者主義でいえば、33条は不問にふされる問題でね。たしかに職権的なのか、それとも国質とのからみで他国人のこともなにか決めておかなくてはいけないと思ったのか。

清水　もうひとつ気になるのは、33条では「一人なりとも、くだんの科人を申し出で候はゞ」とありますが、ここを「犯人の存在を告発する者が一人でもいれば許してやる」と読むか、それとも「一人でも」が「科人」にかかっていて、「犯人を一人でも突きだせば許してやる」と読むのか。どっちなんですかね。この時代、紛争の渦中で村や町が集団として謝罪の意思を表明するばあい、「解死人《げしにん》」を相手側に差しだすという習俗がありますよね。

濱　なんですか、その習俗は?

清水　いわば人身御供《スケープゴート》ですよ。解死人は、紛争の原因をつくった当事者である必要はなく、村の適当な人物に押しつけてしまうことも多かったようです〔藤木　一九八六〕。つまり、ここでも突きだすのは真犯人である必要はなく、「解死人みたいなものを一人でもかまわないから差しだせば…」とは読めないですかね。

桜井　それはどちらでもとれると思うね。「本福寺《ほんぷくじ》跡書《あとがき》」（一六世紀に近江国堅田の真宗寺院で書かれた記録）などにも出てくるけど、村全体に責任がおよばないように、だれか一人が単独犯として差しだされて、村のために犯人になる。一種の解死人だね。畿内あたりにもほんとうは村ぐるみなのに、一人が責任を背負って死ぬ例があるでしょう。

清水　そんなことを期待している可能性もありますよね。

桜井　どっちにもとれるね。「一人」は科人でもいいし、告発者でもいいね。あとでまた詳しくふれることになるだろうけど、52条にも生口《いけくち》（証人として捕えられた仲間）を取り返すという話が出てきて、取り返す可能性がある主体として、近くの郷村の者が主人・縁者などとならんで出てくるね。もしかしたら、山賊と関係ある案件を念頭においている可能性はあるね。

2　家宅捜索のあの手この手
〜アジールへの挑戦2〜

中世の「家」は、それ自体が独立した治外法権をもっていた。戦国大名といえども、その家の主人のもつイエ支配権にはおいそれと介入することはできない。そうしたなかで、犯罪者が「家」のなかに逃げこんだばあいは、どうすればいいのか？　中世社会では犯罪者を匿《かくま》う主人と、その家に踏みこもうとする追跡者とのあいだで、さまざまな思惑が交錯し、ときには「門垣を切る」という不思議な習俗も成立していたらしい。これに対し、稙宗はどのような対策を打ちだしたのか？　家宅捜索については「塵芥集」にさまざまな条文がみえるが、それらを統一的に解釈することはできるのか？　ここでは、戦国大名とイエ支配権の関係を考えてみよう。

門垣を切る

清水　僕の意図では「中世には多様な社会があるんだぞ」という例として、狩人の世界はおもしろいと思ったのですが、けっこう深い話になりましたね。次の話は、62条に出てくる謎の習俗です。

62一　盗賊《たうぞく》人をつかけ、人の在所《ざいしよ》へとめ入、膀示《ばうじ》を打つと号《がう》して、門垣《もんかき》をきり、其亭主《ていしゆ》へ申届《とゞ》けずして罷《まか》り帰《かへ》り、盗《ぬす》人格護《かくご》のよし申かへる事、非分《ひぶん》の沙汰《さた》なり。かくのごとくの悪党《あくたう》、昼《ひる》にても夜《よる》にても、人頭《かしら》、或《あるひ》は牛《うし》・馬《むま》、或《あるひ》は手負《ておひ》など、在所のうちにて其者を指《さ》し、取《と》り出《いだ》すべき支証《しせう》ある物ならば、亭主《ていしゆ》へ申届《とゞ》け、かの在所を捜《さが》すべし。捜《さが》させまじきのよし申に付ては、罪科《ざいくわ》たるべし。然にもし盗《ぬすみ》物と指《さ》し、盗《ぬす》人と号《がう》し、申募《つの》るべき支証なきものならば、その在所へ申届《とゞ》くるにをよばず、生口《いけくち》を取《と》り披露《ひろう》すべき也。又人の在所を捜《さが》し、盗《ぬす》人あらはれざるに付ては、其在所の主《ぬし》・捜手《さがして》ともに越度《をつと》あるべからざるなり。

盗賊人を追いかけて、人の在所に求め入ったのだけど、踏みこまないで「膀示を打つのだ」といって、家の門垣に傷をつけて、その家の主には届け出ないで帰ってしまって、あとになってから盗人を匿っていると言いがかりをつけることは、非分の沙汰である。今後は、そんなことはしないで、昼だろうが夜だろうが、とりあえず踏みこんで、犯人の証拠を押さえるんだ、という内容です。ちなみに、そのあとに具体的に書かれている稙宗が理想的だと考える踏みこみ方は、次のようなものです。

昼だろうが夜だろうが、当の本人でも牛馬でも負傷者でも、在所のなかでそれを特定して、証拠になるようなものがあるのなら、家の主に断ったうえで在所内を捜索しろ。捜索を許さないような家主は処罰する。しかし、盗品や盗人と特定できるような特段の証拠がないのならば、その家主には届けず、生口（容疑者の一味、I—3参照）を捕まえて伊達家に披露しろ。また、在所を捜索して盗人が発見されなかったとしても、その家主も捜し手も両方ともに越度《おっと》（落ち度）はない。

基本的に在所の家主のもっている独自の支配権に配慮しつつも、犯罪捜査のためならば、それを制約することも辞さず、という姿勢が貫かれているようです。イエ支配権を一種のアジール権とするならば、この話もさきほどの狩人のテリトリーの話と同じく、そうしたアジールを極小化していこうとする姿勢といえるかもしれません。

ここでおもしろいのは、追手が「牓示を打つ」といって「門垣を切る」という不思議な所作をしているところです。このばあいは、別に伊達氏の代官でもなんでもない被害者の側が盗賊人を追いかけていって、他人の家に踏みこもうとしているわけです。このあとの条文もそうですけど、この時期の伊達領内で犯人を捕縛《ほばく》しようとするのは、ほぼすべて伊達の代官ではなくて、被害者みたいですね。ところが、彼らは犯人を追跡して、その隠れ場所を特定してもすぐには踏みこまないで、一種の作法として「牓示を打つ」といって家の門に傷をつける。そして後日、そこに犯人がいたんだといってくる。この不思議な所作について、なにか類例がないのかなと思って探したら、『信長公記《しんちょうこうき》』にありました。

長いのでかいつまむと、『信長公記』首巻26段の織田信長が天下をとって上洛するまえの段階、まだ尾張にいたころの話です。信長が隠密でお供の者八〇人くらいの少人数で上洛するのですが、そのときに、まわりに人数が少ないのをねらって敵対する美濃の斎藤家から暗殺団が送られるのです。でもその途中で、その暗殺者たちに出会った信長方の丹羽兵蔵《にわへいぞう》なる人物が暗殺者たちの動きを探りあて、京都の二条蛸薬師《にじょうたこやくし》あたりの宿に泊まっていることを突きとめます。夜中だったので兵蔵はその宿の門柱に「けづりかけ」をつけ、その後、信長のところへ知らせにむかいます。信長が暗殺者一味の宿を確認したかと兵蔵に聞いたので、兵蔵は「家宅の門口にけづりかけをつけたので、まちがいございません」と報告するのです。そのあと、信長のほうが暗殺者一味に逆に近づいていって、一味はみんな驚いて暗殺は失敗するというお話です。

これはほぼ類似の所作だと思うのです。「ここに悪者がいるぞ」とチェックするとき、門柱に傷をつける。「けずりかけ」を福田アジオほか編『日本民俗大辞典(上下)』(吉川弘文館、一九九九年)で引いたら、いろいろ民俗学では先行研究があるようです。まるで正月の門松のように、家の門柱にいく筋もササクレみたいな切り傷をつけてしまう。それはヌサ(幣)の原始的な形態ではないかと説明されているようです。だとすると、中世社会で逃散《ちょうさん》のときに百姓たちがおこなう儀礼である「篠《ささ》を引く」とか、犯罪者の田畠や家を差し押さえるさいにおこなう点定《てんじょう》や検封《けんぷう》の原始的なスタイルといえるかもしれません。中世社会で盗人の家を検封するばあい、注連《しめ》を張ったり、神木《しんぼく》を立てたりという呪術的行為によって、そこを不可触な場としますよね。ここでは神木や篠のかわりに便宜的に家の門柱に切り傷をつけることで、そこを一種の結界にする作法があったとするなら、おもしろいかなと思ったのです。

でも、植宗は、それをやめろというんですね。そんなことせず踏みこめといっているのもおもしろいところです。

桜井　『信長公記』は角川文庫だね。その脚注に「木を削って花のような形をしたもの」とあるのは民俗例をふまえていて、たぶんそれほど目立ちはしないかたちで印をつけたのだろうね。そのとおりでしょう。

清水　これも家の門柱にササクレみたいな傷をつけるのでしょうかね。

桜井　『信長公記』の「けづりかけ」は、まさに「塵芥集」62条の「門垣をきり」と同じだね。

清水　奈良の史料でも「門切り」という刑罰がみえます。これも検封の一種らしい。

桜井　なるほど、そうだね。全部いっしょだよ。

濱　切られた側は、どうするのですか。

清水　どうするんでしょうね。犯人を追いかけた側があとから「けずりかけ」を証拠にして盗人を匿っていたといってきても、そんなことは合理的な裏づけはとれないので、きっと稙宗は「非分の沙汰」だ、ダメだといっているのですよね。でも、踏みこめないときの作法として、その場でとりあえず「けずりかけ」をつけて帰ってくる。そうすると、なにか、それが意味をもつ行為になるのですかね。

桜井　清水君のいわれるとおり、民俗事例と奈良の門切りとは全部同じ行動だと思うけど、実態としてどんな光景を思い描けばいいのかがわかりにくいね。どのくらいのものなのかな。『信長公記』には家の門柱の左右にけづりかけをつけたとあるね。『信長公記』のストーリーでは呪術的な色合いは脱色されていて、単なる目印になっているけれども、基本的には同じですね。「塵芥集」のほうも呪術的な意味まで読みこむことも可能だし、単なる目印と解釈することも可能かな。

清水　所作としてはそれ自体、あまり意味のないことですよね。

桜井　でもたんに目印をつけただけであれば、これだけ詳しくは書かないだろうね。なくてもいいわけだよ。「その場で在所の亭主に家宅捜索の申し入れをしないで、帰ってしまった」とだけ書けばすむわけで、「膀示を打つと号して、門垣をきり」は、なくてもいい。やはりそれを書いたということは、浅からぬ意味があるということになる。

在所へ踏みこめ

清水　僕もそんな面倒な手続きをふむのだから、なにか意味のあることなのだろうと思ったのです。最後のほうを読むと、「人の在所を捜し、盗人あらはれざるに付いては、その在所の主・捜し手ともに越度あるべからざるなり」とあります。踏みこんだけど、空振りに終わったばあい、主人はもちろん罪を問われませんが、捜し手に関しても罪は問われない。ということは、積極的に怪しいと思ったら踏みこんで、それで空振りだったとしても罪にはならない、ということなので、伊達氏としては、少しでも怪しければ踏みこめということを誘導していますよね。

桜井　稙宗はまた、人の在所に踏みこむときの手続きを何条にもわたって決めているね。亭主に無断で入ってはダメだと定めたのもあるね。

清水　そのときの亭主の罪もいろいろですね。「門垣をきり」というのは、イエ支配権がまだ尊重されていた中世社会で追捕《ついぶ》をやらなければいけないときのひとつのステップとして、なにか意味のある行動だったのではないかなと思うのです。伊達氏はそれを否定して、もっと即物的に踏みこめといっている。

濱　門垣を切られた亭主は、盗人が入っているのだということを拒否できない？

清水　門垣を切られたら最後、盗人を匿った家という烙印を押されたことになるのですかね。いちどつけられたら門を直さないかぎり、そのままですよね。門垣切り自体が一種のペナルティーになっているのかもしれない。

桜井　そのあたりの意味がわからないとね。門垣を切ること自体がたんなる目印ではなくて、「牓示を打つ」というのも点定みたいな感じだし、たんなる印ではないね。

清水　「牓示」は、本来は荘園の境界などに打たれる杭や石のことで、マジカルな境界を示すものですよね。

桜井　門垣自体も家と外を分ける境界なんだけどね。門垣を切ってしまうと、イエの自立性を解体するようだけど、そうではなくて、同じ閉鎖空間のままでありながら、意味が変わって、穢《けが》れた空間として閉ざされてしまう。それまでは門垣の内部は、その主人にとって自立したイエ支配権を行使しうるプラスの空間だったのが、門垣を切られてしまうと、その同じ空間が穢れた空間になる。閉ざされていることは同じでも、マイナスの意味を付与されてしまう。そんな意味の転換がこの行為によっておこるとかね。そんなことなんですかね。

清水　家を完全に没収する闕所《けっしょ》や、差し押さえ行為である検封と同じ行為ですよね。

桜井　プラスからマイナスに意味を転換してしまう行為なのでしょうね。門垣を切ったこと自体が非分なのか、盗人を匿っているわけでもないのに匿っているとウソをついたことが非分なのかなあ。ウソをついたことだけが非分なら、前半部はいらないはずだけど、これだけ詳しく書いてあるのは、そのことも非分の一部を構成してるんだろうね。

館廻りで科人成敗

桜井　似たようなところでは、152条にも「家垣をやぶる事」って出てくるんだよね。これも変な条文だよ。

152　一　館廻《たてめぐり》にて、科人成敗《とがにんせいばい》のとき、かの在所放火あるべからず。仍乱妨衆《らんぼうしゅ》、その四壁《しへき》之木竹をきりとり、家垣《いへかき》をやぶる事、罪科《ざいくわ》に処《しょ》すべきなり。科人《とがにん》の助《たす》けにあらずといへども、すでに法度《はっと》を背《そむ》くのうへ、罪科軽《ざいくはかろ》からざる也。

館廻りで科人成敗のときに放火してはダメだ。「よって乱妨衆、その四壁の木竹を切りとり、家垣をやぶること、罪科に処すべきなり」とあるけど、「放火あるべからず」と「四壁の木竹を切りとり、家垣をやぶる」のとは、どんな関係があるのかな。放火との因果関係が「よって」で結ばれているんだよ。

清水　四壁の木竹を切りとるのは、奈良の史料で検断をおこなうとき「竹木を払う」という表現でよく出てきますね〔中澤 一九九九・二〇一三〕。家を焼くだけでなくて、家まわりの木も伐り払って、家の存在自体を抹消してしまうことですね。放火もそうですね。そういう家屋を抹消する行為はよくない。館廻りだから被官が集住しているわけですよ。被官だって悪いことをしたら、成敗されるのは仕方がないのだけど、その家屋自体は次の人が入るかもしれないので、残しておけという意味なのかなと思ったのですけど。

桜井　「よって」でつないで、いいですか。

清水　前半だけをみると、たんに火をつけると類焼の危険があるという配慮かなと思ったのだけど、「よって」でつながるから、「放火」と「家垣をやぶる」ことが同一に問題視されているように思えます。だとすれば、両者に共通する問題は、家屋の存在自体を否定してしまうのはやめろ、ということかな。

桜井　館廻りがあって、放火だけだとたしかに類焼の危険があるからと説明できるのだろうけど。

清水　館のまわりは、強固な主従制の関係にある人間が集住しているはずで、その家を否定することまではするな。あるいは、科人の家は館廻りにある以上、館に付属すると考えられていたのかもしれない。個人の私有地ではなくて、館の持ち主である殿様のものであるとか。

館廻りは、植宗の子の晴宗《はるむね》時代の「采地下賜録《さいちかしろく》」にたくさん出ています。イメージとしては、中世の在地領主の「堀之内」のような感じかな。たとえば「高畠《たかはた》の館廻りの屋敷ならびに町屋敷」という言い方をしているのです。高畠の館廻りの「屋敷」とそれに付属する「町屋敷」が安堵の対象になっているのです。だから、領主支配の中核拠点として「館」があって、そのまわりの館廻りに被官たちの「屋敷」があって、その外に「町屋敷」がある。こんなイメージですかね。

犯人隠匿の罪と主人の責任

桜井　「塵芥集」には「在所」というのもかなり出てきて、これは基本的には屋敷と訳せばうまくいくのだけど、そうとうに広いよね。ふつうのわれわれの家ではないね。確認のために在所に踏みこむ規定をみてみますかね。

62条（45ページ）は追われている科人がたまたま入っていった在所が問題になっているけど、18条はそうでなくて、科人の主人の在所に逃げこんだばあいだね。

18　一　人の被官《ひくわん》以下《いげ》人を殺《ころ》し、其則《(そのとき)》逐電《ちくてん》候はゞ、主人《しうにん》に咎《とが》をかけべからず。たゞし主人《しうにん》、殺害人《せつがいにん》を許容《きよよう》においては、同罪《どうざい》たるべし。又くだんの科人《とがにん》、主人格護《しうにんかくご》のよし、敵人相支《てきにんあひさゝ》へる事あり、その当座《たうざ》ならば、主人在所《しうにんざい》を捜《さが》させべし。然《(しかる)》に後《のち》の日これを聞、その主人《しう》許容《きよよう》のよし申出《い》づるのとき、証拠紛《せうこまぎ》れなくば、前《まへ》に載《の》するがごとし。又敵人の支《さゝ》へ候事証拠《せうこ》なくば、主人《しうにん》の咎《とが》あるべからざる也。たゞし又主人《しうにん》の遺恨《いこん》あるのあひだ、被官《ひくわん》その憤《いきどを》りをとげんために、人を殺《ころ》し逐電《ちくてん》のうへ、主人《しうにん》相知《し》らずといふとも、その咎《とが》をのがれがたし。然にかの科人《とがにん》を、主人生害《しうにんしやうがい》させ、罷《まか》り出《い》で候はゞ、以前《いぜん》の咎《とが》をゆるすべきなり。

「人の被官以下人を殺し、その時逐電し候はば、主人に咎をかけべからず」だから、人の被官以下が人を殺すのでしょう。だれかの家臣が人を殺して、主人の家に立ちもどることなく、そのままどこかに逃走したばあいは、主人は縁坐にならないということなのでしょう。ただし、主人がその犯人を許容したばあいは同罪で、その犯人を主人が匿っていると被害者が主張したばあいには、その当座ならば、つまり事件直後だったなら、主人は家宅捜索させるべきである。しかし、事件直後でなく、あとになって主人が匿っていると聞きつけて訴え出たばあいは、たしかに匿っている証拠があるのだったら、同罪である。また、被害者の主張に証拠がないときは主人に咎はない。ただし、主人の遺恨をはらすための殺人であれば、主人は知らなくても同罪である。けれども主人が被官を処刑して出頭すれば無罪。つまり、主人が被官成敗権を発動すれば、許されるわけだね。

次の19条は、これはたまたま通りがかりの在所に逃げこんだばあいだね。

19一　科人《とがにん》命をまぬかれんため、人の在所へ走《はし》り入《い》らば、かの在所の主《ぬし》、はやく追《を》ひ出《いだ》し候べき也。もし追《を》ひ出《いだ》すにをよばずば、在所《ざいしよ》のうちを捜《さが》させべき也。同坊寺《ばうでら》へ走《はし》り入事、格護《かくご》あるべからざる也。

その在所の主は、科人を追いだせという規定で、それが無理ならば、追手に捜索させなければならない。坊寺へ走り入っても匿ってはならないというのも、アジールへの制限としてよく言及される箇所だね。

どうも科人と盗人とは、微妙に区別されているようだな。科人のばあいは追いだせ。追いだせないときには追手に捜索させろというのが19条だよね。次の37条は、

37一　科人格護《とがにんかくご》の在所《ざいしょ》へ申届《とゞ》けずして、これを討《う》つべからず。もし申届《とゞ》くるのうえ、承引《せういん》いたさず、強《し》ゐて格護《かくご》候はゞ、子細《しさい》を披露《ひろう》せしめ、その在所《ざいしょ》を捜《さが》すべきなり。

とあって、「科人格護の在所」は19条とはちがうのかな。

19条はたまたま逃げこまれてしまった在所で、この37条は格護の在所なので、意図的に匿っているばあいなのかな。格護というのは、たまたま逃げこまれたというよりは、もう少し強く匿うのだろうか。

清水　37条は引き渡しの手続きをいっていて、19条はとにかく匿うな、追いだせと。

桜井　19条は在所の亭主向けだよね。37条は追手向けなのかな。

清水　勝俣注では、37条は19条と逆の関係と書いてありますね。

桜井　でも格護というと、もう少し強いニュアンスを感じますけどね。

清水　それ以前から主従関係があるような？
桜井　以前から主従関係があるわけじゃなくても、たとえば逃げこんだ科人の身の上話を聞いて、「よし守ってやるぞ」でもいいしね。
清水　それにくらべれば、19条は緊急避難的ですね。
桜井　でもまあ、格護は結果的に格護になったと考えてもいいのかな。申し届けて承引しなければ、結果的に格護状態になるので、そうかもしれないね。そうすると、勝俣注のとおり、19条は在所の亭主向けで37条は追手向けの手続きで、これでうまく説明できますか。
清水　これだけでも頭が痛いですね。とりあえず、そう理解していいんじゃないでしょうか。それにしても18条は、やけに量刑が細かいですね。主人は同罪だとか、すみやかに追いだせとか、手続き的に段階をふまえろだとか、けっこう具体的にふみこんでいますね。
桜井　主従関係にある者とたまたま匿った者のちがいではないですかね。
清水　少しちがうのは160条ですね。勝俣注では、文中の「被官」を「伊達氏の被官」ととらえていますが、たとえば文中の「主人」に対する「被官」とも解釈できないですかね。つまり文中の表現でいえば「狼藉人」＝「被官」です。

160　一　在々所々にて狼藉《ろうぜき》人之事、其主人《しうにん》に申届候ところに、その誡《いましめ》なくば、主人《しうにん》の越度たるべし。被官《ひくわん》にいたつては、成敗《せいばい》を加《くは》ふべきなり。

あちこちで暴れまわっている狼藉人に関して、その主人に取り締まりを求めたのに、その主人が責任をもって処罰しなかったばあい、その主人は越度である。その「被官」である当の狼藉人本人に対しては、成敗を加える。

こう解釈すると、18条では匿った主人と犯人は同罪だったのに、160条のばあいは殺人犯ではなく「狼藉人」ということで、少し匿った主人とは量刑に差があるのかなと思ったのです。

主人はもちろん罪はあるのだけど「越度」。ほかの条文から考えると、「成敗」よりは少し軽いようです。当の本人の被官は「成敗」になっている。この「成敗」は死刑とはかぎらないみたいですけど、狼藉人と殺人犯のケースでは主人の罪の重さに差がつけられているのかなと思ったのです。

桜井　この「被官」は、勝俣注のとおり伊達氏の直臣という意味かもしれないよ。「被官」はいくつもの意味で出てくるのでね。

清水　それで通るときもありますよね。というと、160条の「被官にいたつては〜」は「主人が伊達氏の被官だったばあい」という意味ですか。

桜井　「主人」といえば伊達氏の直臣か、さもなくば伊達家重臣の家来か、そのくらいのクラスでしょう。

清水　160条の被官は、伊達氏直臣の被官？

桜井　そう、狼藉人の主人が伊達氏の家臣。

清水　ああ、そうか。そのばあい、狼藉人の主人が罪を知りながら処罰しなかったときは「越度」。その主人が伊達家直属被官であったばあいは、伊達家の身内にはもっと厳しく「成敗」。いずれにしても、狼藉人については陪臣であるので、伊達家としては処罰のしようがない。そこで、この条文については主人のペナルティーは記載されているけど、狼藉人の量刑記載がないと。こういうことですか。

桜井　勝俣さんは、そういう解釈だね。

清水　なるほど。僕は、主人と狼藉人の双方の罪を規定しているのかなと思ったのですが、でも、それは言い切れないな。やっぱり勝俣さんの読みのほうがいいな。さっきの撤回します。（笑）

171条はどうですか。この条文は盗賊人ですね。

171　一　盗賊人《とうぞく》、人《ひと》の門《かど》のうちへ追入《おゐ》たる沙汰《さた》の事。是は其亭討《ていう》ち候て出し候べき事、若又見え候はずば、亭《てい》より追手《おゐて》を入、捜《さが》させべし。むりに押《お》し込《こ》み候はゞ、越度たるべき事。但町屋にては、数百人の中にて候間、やりこの事は、押《お》し込《こ》み候ても討《う》ち候べく候。

訳すとすれば、こんな感じでしょうか。

盗賊人が他人の家に逃げこんだばあい、その家の者が討ちとって、身柄を差しだすべきである。もし見つからないときは、その家の責任で追手をだし、盗賊人を捜しだせ。追手が無理に人の家に押し入るのは、よくない。ただし、町屋は数百人もの人がいるので、「やりこ」については押し入ってでも討ちとれ。

桜井　これはその家の亭主が討って引き渡さなければいけないということだね。

清水　これは、どうちがうのでしょうかね。

桜井　似ているのがたくさんあるのです。62条も盗賊人だよね。

清水　171条では、主人が盗賊人を討ちとって差しださなければいけない。もし盗賊人が逃げたばあいは、主人の責任で盗賊人を捜しだせということですかね。これまでとは、かなりちがってきますよ。

桜井　62条とこのあたりがちがうんだな。171条はあきらかに62条と齟齬《そご》しているからおかしいんだよ。

清水　小林宏さんの「塵芥集」の成立過程に関する研究［小林宏　一九七〇：第四編第二］によれば、171条はあとで追加されたものだそうですよ。ひょっとしたら、そういう事情が背景にあるのかも。

桜井　「塵芥集」の終わりのほうは、どうも追加されているように思えるね。どこから追加になるかわからないけど、写本であるていど、わかっているの？

清水　写本の分析で三段階にわたる増補があることがわかっています。写本によっては一七一ヶ条全部があるわけではなくて、条文が少ないものもあって、どうやら、あとからどんどん追加されていったのではないかというのです。

小林宏さんによれば、第1期のいちばん古い写本は全一六三ヶ条で、第2期で45・77・78・112・148条の六ヶ条が追加されて、第3期でさらに111条と171条が入って、最終的なかたちになったのではないかということです。写本に日付が書かれているので、段階的に増やしていったことがわかるのです。

桜井　そうすると、終わりのほうの何ヶ条かがまとめて新しいというわけでもないのか。

清水　いちおう新しくつけ加える条文は意味的な連関のなかで挿入しているようです。171条はその意味では後補なだけに、ほかの条文と齟齬しても仕方ないのかもしれない。ほかと単純に比較してはいけないのかもしれないですね。

ところで、「ただし、町屋にては、数百人の中にて候間、やりこの事は、押し込み候ても討ち候べく候」とあるから、通常は無理に押しこむのはいけないのだけど、町屋だったら押しこんでもいい。その理由が「数百人の中にて候間」というのは、どんな意味なのでしょう?

桜井　「やりこ」は、45条にも出てきて、とにかく都市的な犯罪だね。45条は市町《いちまち》で、171条も町屋なので、スリかなんかじゃないのかな。

清水　「数百人」は、どんな意味ですかね。在家だと亭主がいて責任の所在があきらかだけど、町の共同体だと責任の所在がわからないので、断りを入れようがないから押しこめという意味ですかね。

桜井　町のなかだと、いちいち細かい家宅捜索の手続きをとっていると逃げられてしまうのだろうね。町屋はうなぎの寝床のような家が立てこんでいるから、そんなところは踏みこんでもいいといっているのかな。家数が数百なのか、人通りが数百なのか、人通りのほうがいいかもしれないね。

清水　ここから西山城下の桑折《こおり》の町屋の人口は数百人とみていいのだったら、この時期の地方都市の規模を物語るデータとしておもしろいんですけどね。なかなかむずかしいか…。

すいません、話はもどりますが、171条がいちばん最後に追加された条文だということを承知したうえで、ほかの条文と内容を比較してみると、171条では犯人隠匿の罪が重くなっていませんか。亭主が犯人を討ちとるか、追いかけなくてはいけないわけだから、亭主の責任は少なくとも重くなっていますよね。でも、一方で追手が無理に押しこんではいけないともいっていますね。19条（54ページ）では押しこんでもいいといっていましたよね。

桜井　亭主に無断ではダメなんだね。

清水　そのかわり、亭主は犯人を討たなければいけないのですね。19条では追いだすだけでよかったのに、討ちとって屍を提出するのですかね。

桜井　微妙だけど、19条は科人を追いだすんだよね。

清水　19条は「殺害の科の事」だから、このばあいは、殺人犯ですよ。それでも討ちとることまでは求められていなくて、追いだすだけなんですね。そうすると、やっぱり追加された171条のほうが亭主の責任が重くなっていませんか。171条は亭主が討って、もし逃がしてしまったら亭主の責任で追いかけろといっているのは、より亭主への責任が重くなっていませんかね。

桜井　これは別に、家の外まで追いかけていくのではなくて、邸内を捜させるのではないの？

清水　「又見え候はずば」とあるから、そんなふつうの広さの家ではないのか。

桜井　「在所」という表現でも出てくるけど、それ自体がかなりでかいのですよ。

清水　たしかにそうですね。

桜井　たぶん、屋敷の外まで追いかけていく必要はなくて、邸内を亭主から追手を入れて捜させる。でも外の追手を入れないのかなぁ。171条は追手が入りにくくなっている規定だね。

清水　62条は在所に入って証拠物件をあげろという話ですからね。

桜井　171条は、捜索も亭主の手でやりなさいといっていて、62条や19条は追手が捜していいんだよね。171条は逆にイエの自立性が強くなっているから、なんともむずかしいところだね。

清水　亭主の責任が重くなっているというのは、逆にいえばイエの自立性が尊重されているということでもあるわけですね。しかし、これらの条文を稙宗から提示された家臣たちも困ったでしょうね。

桜井　家宅捜索関係の条文は多すぎだね。

清水　犯人隠匿罪の規定は、僕も表にしてみたのですけど、それぞれの整合関係がいっこうにわからないのですよ。

桜井　とにかくこの関連は多いね。あとは私的成敗を許すか許さないかとか。

清水　当初の予定では、狩人と門垣切りはイントロのつもりだったのだけど、かなり奥の深い話になって。このあたりでひと休みして「生口」や「むて人」の問題に入ったほうがいいですね。

3 被害者が犯人をあげろ！〜自力救済と当事者主義1〜

「塵芥集」のなかに出てくる言葉のなかでも、とりわけ印象深いもののひとつが「生口《いけくち》」である。当時の伊達領国では、大名権力が独自に犯罪捜査をおこなうことはなく、盗みなどの被害をうけた人物は、みずからの力で証人もしくは容疑者を探しだしてきて、伊達家に突きださなければならなかった。このとき被害者によって捕縛される証人や容疑者のことを「生口」という。現代人には想像を絶する事態であるが、当時の社会でも「生口」をめぐってはさまざまな問題がおこっていたらしい。「塵芥集」には刑事事件関係の条文が多いが、そのなかでも「生口」関連の条文に着目することで、現代とはおよそ異なる社会のしくみを考えてみよう。

拘留は五〇日間

桜井　「生口《いけくち》」は、勝俣論文の前半の山だよね〔勝俣 一九六二〕。41条の勝俣注では「刑事訴訟における証人で、当該事件の容疑者と目される人物」と説明しているね。

濱　本題に入るまえに、読者のためにもう少し一般的な説明をしてくれませんか。

清水　現代の社会なら、ある事件の容疑者を逮捕するのは警察など公権力の役目であって、彼らはだれかに頼まれなくても、それを職権として自発的におこなうわけですよ。これを職権主義といいます。それに対して、一般に中世社会では当事者主義といって、被害者など当事者のはたらきかけがないかぎり、公権力は司法警察権を発動してくれない。「獄前《ごくぜん》の死人《しにん》、訴《うった》えなくんば検断《けんだん》なし」という有名な中世のことわざがありますが、中世社会では、たとえ裁判所や警察署の前に死体が転がっていたとしても、被害者遺族などからの訴訟が提起されないかぎり、司法裁判権は発動されないわけです。これはまえの山賊の話でも、出てきた話ですよね。

この伊達家の領国のばあいは、とくに「生口」とよばれる証人や容疑者の逮捕が被害者に義務づけられていたというのがおもしろいところです。たとえば、盗みにあって被害をうけた者は、自分の力で証人や容疑者を特定して、そいつをふんづかまえて伊達家のところまで連行していって自白させる。そうすることで、はじめて伊達家に犯人を裁いてもらえる。「生口」という変な名前は、「生」きて犯罪事実を「口」にする(証言する)者というような意味なんでしょうね。その意味では、生口は一義的には「証人」という意味なんですが、「犯人」というのは、いわば犯罪事実を立証するための最高の証人でもあるわけですから、「塵芥集」では生口はほぼ「容疑者」や「共犯者」という意味で使われています。

生口でおもしろいのは41条ですね。

41 一 窃盗《せつたう》・強盗《がうたう》・海賊《かいぞく》・山落《おとし》の事

右、支証《しせう》なくば、生口《いけくち》をとり、その沙汰《さた》有べきなり。同類《どうるい》の事、生口《いけくち》まかせたるべし。もし又、白状《はくじやう》の人数《じゆ》のうち、あやまりなきのよし申、むかい生口《いけくち》をとり、咎《とが》なきの旨《むね》申分《わ》くるにいたつては、以前《いぜん》とり候生口《いけくち》、五十日のあひだ沙汰所《さたどころ》につながせ、互《たがい》の口《くち》をきかせ、あやまりの方成敗《かたせいばい》あるべきなり。

「窃盗・強盗・海賊・山落の事」という事書は、以下75条までの内容を示す見出しでもあります。そういった犯罪に対しては、証拠がなかったならば、生口をとって、裁くように。共犯者に関しては、その生口の証言にもとづいて摘発せよ。もし生口が自白した共犯者のなかで「私はやってない」という者が「むかい生口」という反対証人を連れてきて、「この人はその犯罪に加わっていません」ということを反対証人に証言させたばあいには、最初に自白して共犯者の名前を白状した生口と「むかい生口」を、五〇日のあいだ沙汰所につながせて、互いに討論させ、誤っている側を処罰せよ、という内容です。

おもしろいのは、このばあいの生口は、被害者がみずから容疑者を逮捕・連行するというパターンだけではなく、犯罪の共犯者と名指しされて疑惑がふりかかって、自分で無実を証明しなければいけないというパターンでも、使われているというところです。伊達が職権的に有罪・無罪を認定するのではなくて、当事者があくまでも動いて、自分の潔白を証明してくれる「むかい生口」を探してこなくてはいけない。自分の無罪を証明する「むかい生口」というのは、ふつうは目撃者になるのでしょうけど、いちばんまちがいないのは真犯人やほかの共犯者をみつけることですよね。そうすると、「塵芥集」では、冤罪《えんざい》の容疑がかけられたばあい、真犯人を容疑者が捕まえてくることが義務づけられていたことになる。これは大変だったでしょうね。（笑）

まず基本的なことですが、「五十日のあいだ」というのは、生口とむかい生口を五〇日間対論させるのかなと最初は思ったのです。でも、それはありえないですよね。長すぎます。これは最初にとった生口を五〇日間、「沙汰所」という場所につないでおいて、そのあいだにむかい生口が出てきたならば、対論させるという意味で、対論させる期間ではなく、最初にとってきた生口の拘留期間が五〇日間だということかなと思ったのです。

現代語に訳すとしたら「以前つかまえた生口で、五〇日間沙汰所に拘留していた者を、むかい生口と互いに対論させて…」という感じでしょうか。

桜井　それ以外に五〇日という数字に意味がないよね。

清水　もし五〇日間が最初にとってきた生口の拘留期間でいいんだとすると、そのあいだの関係者の異議申し立て期間が五〇日間ということにもなりますかね。五〇日間は生口は留置されていて、「おれはちがう」という者は、そのあいだに反対証人を用意すればいい。五〇日以内に反対証人がだせなかったら、関係者の異議申し立ては無効になって、共犯者に確定するんですかね。もし五〇日経ったら、この生口はどうなるのかも気になります。釈放されるのかな。でも生口は、かぎりなくクロに近い容疑者なわけだから、断罪されるわけですかね。ちょっとそのへんはわかりません。ただ、いずれにしても「五十日のあいだ」という記述は、ことによると伊達家の法廷では異議申し立て期間、拘留期間があったことの証拠になるかもしれません。

濱　むかい生口を捕まえてこれなかった人は、どうなってしまうのですか。

清水　そこがわからないんですよ。伊達家がいっさいの犯罪者の捕縛をやっていないのだとすれば、「白状の人数」にあげられた人はそんなに焦って真犯人を探さなくてもいいですよね。（笑）　自分の無実を証明するために真犯人を探す話といえば、よく似た話で「逃亡者」というアメリカ映画がありますね。ただ、「逃亡者」では、自分が真犯人を探しているあいだに自分が逮捕されるかもしれないというスリルがあるわけですよ。でも伊達家のばあいはどうなのでしょう。ここで「白状の人数」にあげられた者を、伊達家が自主的に捕縛するのかどうか。出頭すれば捕まるのでしょうけど、伊達家が職権的にやらないのだとしたら、この人は逃げおおせてしまうのですかね。あんまりスリリングじゃないですね。（笑）

桜井　白状の人数にあがっていることを、どこで知るわけ？　みんないっせいに捕縛されてしまうのかな。

清水　やはり伊達家が職権的に捕縛するのですかね。

桜井　捕縛されていないと、自分の名前が入っているかどうかも、わからないと思ってね。

清水　そもそも捕縛されたら、自分でむかい生口を取ることができませんね。

桜井　そうだよね。捕縛されていないのだろうかね。「お前は、白状の人数に入っているぞ」といって捕縛されるときになにかいうわけ？　「私には証人がいます」「ちょっと時間を下さい」って。だけど、この生口は、この人の名前だけを白状しているわけではないよね。

清水　そうですよね。数ある共犯者のうちの一人として、名前を入れられているということでしょうね。

桜井　五〇日か。

清水　いままでどう解釈されてきたのかわからないのですけど、どうなんですかね。

桜井　そんな細かくはだれも読んでいないんだよ。

清水　でも五〇日間、生口とむかい生口が対論するのは、長いですよ。

桜井　いったい、いつから五〇日をカウントしはじめるかだね。むかい生口が出てきてから五〇日かもしれないね。

清水　そしたら長すぎですよ。

桜井　清水君の解釈は、そうではないのでしょう。

清水　最初に捕まった生口は五〇日間の拘置期間があった――。

濱　冒頭の「右」が窃盗以下の犯罪を指すのですよね。支証はどんな証拠なのですか。

清水　物証でしょう。物証があればストレートに決まるのだけど、物証がなければ、生口の証言にもとづいて裁判をするのだと。その共犯者に関しても、証言にもとづいて判断する。もし、共犯だというふうにいわれたけども、「私はちがう」というのだったら、もう一人生口を探してきて反論しなさい。

そういうことになったばあいには、以前捕まえてきて五〇日間、拘留されている生口とむかい生口を対論させてシロクロつけるのだ、ということです。

桜井　生口の条文をほかにもう少しみてみませんか。

清水　おもしろいのは53条です。

生口の容疑

53一　生口《いけくち》を取《と》るのとき、仕合《しあはせ》と丶のはで、縄《なは》にもをよばず、追《を》い逃《に》がす事あらんに、かの生口《いけくち》のがれきたり、取手《とりて》の人衆《しゆ》かへつて山立《だち》・引剥《ひつぱぎ》など申出《い》づるうへ、取手《とりて》生口《いけくち》に取《と》るのよし申、相論《さうろん》にをよぶ。互《たがひ》の支証《しせう》なくて決《けつ》しがたくば、相互に生口《いけくち》を取《と》り、罷《まか》り出《い》で、悪党落着《あくたうおちつき》のかた、成敗《せいばい》あるべきなり。

生口を捕まえようとしたときに、タイミングが悪くて捕縛することができなくなって、逃げてしまった。そんなことがあったときに、逃げた生口が捕まえに来た人たちにむかって「山立・引剥などと申し出る」。つまり、取手が「おまえ、犯人だろう」といって捕まえようとしたとき、逆に生口が「山賊・追剥に捕まりそうになりました。私のことを拉致しようとした山賊・追剥がいます」といって取手を訴える。なんかコメディみたいな話です。

その後の「取手、生口に取るのよし申」の解釈ですが、勝俣注では「自分を生口として取ろうとしたものを逆に生口にとり、彼らが山立・引剥であることを証明する」とあります。つまり、本来の生口が取手の人間を山賊だといって捕まえて、逆に取手のことを「生口を捕まえました！」といって、伊達家に突きだすということですね。

でも、ここではもう一案として、僕は二人のセリフが対になっているとも考えられないかなと思いました。「　」で括るとすると、本来の生口は「取手の人衆かえつて「山立・引剥」」(取手を逆に「山賊・追剥だ」)といったのに対して、取手は「「生口にとる」のよし申す」(「ただ生口として捕まえようとしただけです」と主張する)。そこで「相論」になる、と読むのはどうですか。捕まえに行ったら生口が居直った。

桜井　待ち伏せして殺した話と似ているね。どっちがどっちを待ち伏せしたんだという条文があったよね。

清水　そうです。17条です。あとで読んでみましょう。

桜井　17条と似たような構図を考えているわけね。

清水　ほんとうに悪いことしたヤツなのに、生口に引っ張られそうになったら、「この人、山賊です。私はなにも悪いことしていないのに、私のこと拉致しようとしました！」といいだした。捕まえようとした人は、「いや、あいつが生口なんです。私は生口に取って、引っ張っていこうと思ったのです」といって、それがそのまま伊達の法廷にもちこまれてしまった。そこで稙宗の判断としては、「お互いに物証がないので、勝負がつかないのだったら、さらにまた生口を取ってきて、悪党だということが認定された側を成敗する」。

あまりに話が複雑なんで、こんなケースが実際に伊達家にもちこまれていたとしか思えないですね。この条文を勝俣さんは論文で、生口を捕まえるのが伊達の公的な機関ではなくて、あきらかに関係者がやっていることの証拠だといっています。つまり、伊達の正式な警吏《けいり》が捕まえようとしたのだったら、その警吏に対して、生口が「山賊です！」っていうことはありえない。だから、おそらく実際に伊達家には正規の警察機構が存在していなくて、山賊と外見上は区別がつかないような関係者、おそらく被害者が生口を捕縛するような実態があるということです。そのとおりだと思いますね。そこで、それを逆手にとって、生口のほうは「山賊に拉致されそうになりました」といいだすヤツもあらわれる。

桜井　僕は勝俣さんの説でいいと思うよ。清水君は53条を二人のセリフだといっていたけど、一人ではダメなの。53条の「取手の人衆かえって山立・引剥など申し出づるうへ、取手生口に取るのよし申し」は、生口を取りに来たヤツらのことを「あいつらが山立・引剥なんです」と訴えたうえに、「そいつらを生口に連れてまいりました」と読んで、二つとも本来の生口側のセリフで通す。

清水　それは勝俣注の解釈ですね。

桜井　それではダメなんですか。

清水　僕は、「〜のよし申し、相論にをよぶ」という言い方をしているので、「相論」である以上、反論も明記されていないとまずいと思ったのです。対のようなかたちで。本来の生口が「取手の人衆かえって山立・引剥」と申し出て、取手はただ「生口に取るのよし」を申すに分けたほうが、相論の感じになる。

桜井　取手側の主張は、条文の前半部の記述からもう自明の扱いになっていて、後半はやはり全部本来の生口側のセリフとして、ひとまとまりのものと解してもいいような気もするのだけど。

清水　そうすると、やっぱり生口が逆に取手を生口に取ったわけですか。

桜井　「取ってまいりました」とかいってね。

清水　取手が逆に捕縛されちゃった？　返り討ちにあった状態ですか。勝俣注の解釈は、そういうことですよね。

桜井　あとは「申し出づるうへ」のつなぎ方だね。「うへ」は取手がこういったのに対して、生口はこう反論した、というような「……に対して」の意味にはならない。「うへ」というのは「……した上にさらに重ねて」の意味だから、「申し出づる」の主語も「生口に取るのよし申す」の主語も同じでないとまずいでしょ。

生口のシロクロ

桜井　ところで当事者主義の話題になるけど、生口を捕まえてくるのは当事者である被害者だね。でもその生口を拷問するのは、50条、51条をみるとあきらかに伊達家だよね。

51一　生口代官《いけくちだいくわん》をもつて問《と》はせざるまへに、腹《はら》をきり、舌《した》をくいきり死《し》する事、是非にをよぶべからず。
たゞし時宜によるべし。

51条は、伊達家の代官による尋問がはじまるまえに、生口が自殺したばあいは、「是非にをよぶべからず」、しょうがないという条文だね。

清水　この「しょうがない」というのは、どっちが「しょうがない」のですかね。

桜井　勝俣注は、「やむを得ない。この場合、取手の越度にはならないというのであろう」とあるね。

清水　取手の越度にならないのか。もうひとつの可能性として、生口は無罪だというのもありませんかね。34条に自害の話があるじゃないですか。自害して遺言に憎い敵の名前を書いたならば、その人物をかわりに伊達家が成敗する。江戸時代以降は「指腹《さしばら》」とよばれることになる行為ですけど、伊達家は自害した人に手厚いですよね［清水 二〇〇四］。だとすると、生口がしょっ引かれるまえに、自害したばあいには、その生口は犯罪者・容疑者とは認めないというようにも読めませんか。

桜井　49条、50条と、生口に不測の事態がおきたときに取手を越度とすべきかどうかを問題にした条文がつづくので、51条もその流れで、やはり取手の越度を問題としていると読むほうが自然じゃないかな。

それにしても、生口はどのあたりから容疑が濃くなるわけ？　取る時点ではまだシロなのかな。

清水　52条をみると、生口を捕まえようとしたときに、周辺の人間がそれを妨害するのはいけないといっているので、クロに近くないですか。

桜井　52条も変な条文だな。

52　一　生口《いけくち》を取《と》り、曳《ひ》き候路次《ろじ》にて、其近《ちか》くの郷村《がうむら》のもの、又は主人《しうにん》・縁者《えんじや》・親類《しんるい》、大勢《ぜい》をもつて取返《かへ》す事、盗《ぬす》人同罪たるべし。然《しかる》にくだんの生口罷《いけくちまか》り出《い》で、誤《あやま》りなきのよし、陳法《ちんはう》いたさば、則《すなわち》其身を搦《から》め拷問《がうもん》いたし、是非《ぜひ》の沙汰《さた》あるべきなり。

清水　生口を捕まえて、しょっ引いてくる途中の路次で、その近くの郷村の者や関係者が大勢で取り返すことは盗人同罪だ。

桜井　しかるに、生口が出頭してきて、私は容疑者ではありませんと否認したら拷問をうけるんですね。

清水　その拷問をうけたうえで、がんばり抜いたならば、その応援してくれた村の人たちの罪は問われない。

桜井　ふつう出頭しないでしょう。（一同爆笑）　絶対に拷問はうけなくちゃいけないんだからね。

清水　そんなのいやですよ。

桜井　私は無罪ですと名乗り出て、拷問をうけなさいといっているわけだからさ。

清水　ただ、ここでは「くだんの生口罷り出で」と、まるで生口が自主的に出頭するような書き方をしていますけど、（笑）　実際には彼を匿っている集団に対して彼を突きだすのを求めているのかもしれませんよね。あくまで匿いとおして集団として責任を負うか、該当人物をおとなしく引き渡すか、の二者択一をせまっているのかもしれないですよ。せっかく匿ってもらったのに、わざわざ本人が自発的に出頭して拷問をうけるのは、いくらなんでもありえないですから。（笑）

あと、この郷村の者は、生口が住んでいる郷村とはかぎらないのでしょうね。中世の村人たちはよくゴタゴタがあると、反射的に飛びだしてきますよね。それこそ53条のような状況で、「助けて〜！山賊にさらわれるぅ！」って大げさに騒ぎ立てていれば、それがだれであれ、村人が「出会え、出会え」と出てくるような状況ですよ。その後の「主人・縁者・親類」は利害関係者ですから、取り返すことはあるのでしょうけど。郷村のばあいは、治安維持発動みたいな感じで、直接関係なくともワーッと出てくる。中世村落のこういった行動原理は、従来、畿内の事例はよく知られていますけど、なにせ東北では村を語るほど史料がないですからね。「塵芥集」のこうした記述は、東北村落の実態を考えるときに重要な史料になりますね。

桜井　「その近くの」とあるから、そうだね。ただ52条が、生口がクロにかぎりなく近い存在であることの証拠になるかどうかは、ちょっと微妙な感じもあるね。あまり強い証拠にはならないような気もするけど。生口は尋問するまで、まだシロクロはどうなのかな。

清水　尋問・拷問も含めたものが、41条の五〇日間なのかな。

濱　生口として取られると、五〇日、沙汰所に抑留されて、拷問をうけるのですか。

清水　罪を認めれば、さすがにそれ以上の拷問はないのではないですか。あるいは仲間の名前を素直に白状すれば、拷問にあうこともないですよ。でも、そのあとも五〇日間、拘置されるのですかね。

桜井　50条に「生口を取り、働かざる事、取手の越度たるべし」とあるけど、この「働かざる」、口を割らなかった生口がどうなるかということもあるね。

盗人容疑の生口

50一　生口《いけくち》を取《と》り、働《はたら》かざる事、取手《とりて》の越度《をつと》たるべし。たゞし、かの類人《るいにん》かさねて取、披露のところに、拷問《がうもん》にあはするのうへ、以前働《いぜんはたら》かざる生口同類《いけくちどうるい》のよし、白状《はくじやう》いたさば、取手《とりて》の理運《りうん》たるべきなり。

捕らえた生口が口を割らなかったばあいには取手の越度とする。ただし、その生口の一味の者をもういちど捕らえて伊達家に披露し、拷問にあわせたうえで、その仲間が「口を割らなかった最初の生口は一味である」と白状したならば取手は罪を免れるというわけだね。ここでは、伊達家に披露したあと、つまり伊達家の手で拷問なんだよね。披露するまでは被害者集団が当事者主義的に生口を捕らえて、伊達家当局に引き渡したあとは伊達家が職権主義的に拷問をする。具体的には51条に出てくる「代官」がやるんだね。「代官」は151条の科人の在所成敗のところにも出てくる。当事者主義と職権主義…、生口もむずかしいなぁ。

盗みのいちばんの支証が物証だね。盗まれた盗品が出てくる、盗品をそいつが持っているというのが絶対的な証拠で、それが確保できないときには、犯人一味の一人を捕まえて仲間の名前を白状させる。盗品がいちばんで、盗品が確保できなかったばあいの次善の策として生口がある。

清水　そのさいに白状した生口の罪はどう認定されるのですかね。司法取引があるのかどうか。たとえば白状するとその生口の罪は許されて、ほかの人たちは捕縛されるとか。それとも、やっぱりいっしょに処罰されるんですかね。

桜井　生口の条文をもういちど、全部確認してみますか。

清水　41・49・50・51・52・53・62・74条の八ヶ条にあります。

桜井　どんな犯罪にかかわるかをみると、41条は盗みだね。

清水　殺害の案件では生口はいないのですか。

桜井　少なくとも出てこないね。実際に出てくるものから帰納的にいくと、すべて盗みにかかわる。殺人に関して生口は出てこないね。

清水　そういえば「門垣を切る」で話題にした62条(45ページ参照)も盗賊人でしたね。

桜井　62条も最初に問題にされているのが盗品で、「しかるに、もし盗物と指し、盗人と号し、申し募るべき支証なきものならば」と盗品が見つからないばあいとして、生口の話に移っていくね。やはり、いまのところすべて生口は、盗みに関して、盗品が確保できなかったばあいの次善の策として出てくるようですね。

清水　傷害・殺害に関しては生口はないとすると、盗犯については被害者が生口を捕まえるけど、まさか傷害や殺害の案件については伊達の代官がしっかり職権的にやっていたなんてことは、ありえますかね。

桜井　そこですよね。

濱　話はもどりますが、生口はたんなる証人ではなくて、容疑者としてきわめてクロに近い怪しいヤツ？

桜井　49条は、「生口《いけくち》を取《と》るのとき、討《う》ち候事、取手《とりて》の越度《をつと》たるべし。たゞし、かの類人《るいにん》をかさねて取《と》り、以前《いぜん》討《う》ち候を、白状《はくじやう》に載《の》するに付ては、取手安堵《とりてあんど》たるべきなり」とある。生口を取るさいに殺してしまったら取手の越度である。ただしもういちど別の生口を取って、殺害した最初の生口を犯人一味として白状させることができれば取手は無罪というわけだね。50条もほとんど同じで、生口は自分で自白するか、別の生口に犯人一味として名指しされるかするまでは、かならずしもクロじゃないんだよね。

清水　拷問をがんばりぬいたら罪に問われないのですよね。

桜井　そこまではいちおう、有罪・無罪未決の状態というか、クロと断定されているわけではないというね。

清水　被告発者くらいの扱いですかね。その次の認定は、拷問だったり、沙汰所につながれて、対論をして決めるということですか。「沙汰所」は「塵芥集」に出てくる唯一の機関ですね。機能としては拘置所ですが、勝俣注では「裁判所」ですね。

桜井　ただ、かならずしも強い根拠があるわけではないよね。

濱　無実の罪を晴らすのに拷問をうけるのは信じがたい気がするけど、中世人にとって盗みの罪はそうとう重かったのでしょうね。

盗みは重罪

清水　そういえば、最近、『謎の独立国家ソマリランド』(本の雑誌社、二〇一三年)という本を書かれたルポライターの高野秀行さんという方と対談する機会があったんです。で、どうも現代のソマリア人と中世日本人は気質がすごく似ているんじゃないか、という話になったんです。そのときに話題になったのが、ソマリアの人も盗みをものすごく嫌うんですって。

桜井　へぇ、そう。

清水　たまに市場《いちば》とかマーケットなんかで、ボコボコにされている人がいるんだそうです。よくて半殺しで、ヘタすると殺されちゃうくらい。なにをやったのかと思ったらコソ泥で、果物を盗っただけで、ものすごい勢いで周囲の人たちからリンチされるらしいです。警察官が市場にはいるのですが、警官も怖くて手だしできない。ヘタにかばうといっしょにやられるかもしれないので、ひととおり終わるまで警官もぼう然とみている。

桜井　ソマリアは貧しい社会なんでしょ。

清水　高野さんの本の趣旨では、ソマリアといっても地域によって分権化していて、一口に貧しい社会とはいえないらしいですが。もちろん先進国のような豊かさはないみたいですね。

桜井　中世日本は、基本的に貧しいんだよ。

清水　盗みについては、近世初頭の「板倉氏新式目《いたくらししんしきもく》」では、「盗みをやるヤツの子どもは放っておくと、また盗人になるから、根から絶たないとダメだ」といっていますね。

桜井　それは板倉の知恵なんじゃないかな。教育刑だよね。そんなものは村の人たちにはないよ。「おれたちのなけなしの財産を盗った」と。

清水　もうひとつ。貧困とは別に呪術的な問題もありますよね。平安期を研究している中込律子さんに教わったたとえ話ですけど、おもしろいんで僕もよく授業で使わせてもらってます。（笑）たとえば女の子が下着泥棒にあって、しばらくして、その犯人が捕まった。で、無事に下着がもどってきましたということで、警察から下着が返されて、それを「よかった！」といって、はたしていままでどおりに使うか？　こう聞いて、平気で使うという女の子はまずいませんね。「そんなの気持ち悪くて絶対に身につけない人」って、手をあげさせたら、男の子まで手をあげてましたよ。（笑）それと同じで、盗まれた物は、その物がもどってきたとしても、もうそれは前と同じ物ではなくなってしまっている。

桜井　穢れてしまっているんだね。

清水　盗みはとんでもない罪になる行為なんだ。お金で弁償するとか、そういうことではないんだ。失われたものはけっしてもどらないんだ。それが中世人の盗み観なんだ、という説明でよく使わせてもらっています。

桜井　それはうまいね。盗まれたものの穢れは、そういうたとえがないとわからない。

清水　汚れているのかというと、きれいに洗えば使えるわけだし。汚れと穢れはちがうものなんですよね。

桜井　穢れは気持ち悪さだよ。

清水　意識の問題でしかない。合理的・科学的には説明のできないなにか。人に盗られたからもどってくればいいというものではない。それ相応のお金を払えばいいというものではない。そういう意識が彼らをして盗人に対する過剰なまでの制裁に走らせるのじゃないかとね。

濱　現ナマだったら、穢れの感覚はないのでしょう？　財布盗られて一〇万入っていたら、一〇万もどってこないといやですよ。

桜井　現ナマだけはちがうんだよ。貨幣だけは特別の物品で、普通の商品とか物品とはちがうという考えは、世界的に早くからあるね。

清水　すごく無機的でニュートラルなもの。

桜井　徳政でも物はもどるけど、銭はもどらないからね。銭をもどせといったら等価交換になって徳政にならない。

清水　そうです。

桜井　どんな徳政でも、銭がもどることはないんだよ。

清水　銭をカタにいれることはないですしね。

桜井　銭は交換の媒介としてしか存在しない特別な物品で、経済学者がなんといおうが、全然ちがうものだね。

いやなヤツの殺し方

清水　ちょっと生口とは話が変わってしまいますけど、さっき話した17条の待ち伏せの話です。

17一　掛向《かけむかい》にて、人を待《ま》ち、討《う》たれたる族《やから》、待《ま》たれて討《う》たる丶といひ、人を待《ま》ちたるものくちなしに討《う》ち、待《ま》たれたるに自分《じぶん》の働《はたらき》をもつて、待手《まちて》を討《う》つなどいひ、問答《もんだう》に及候はゞ、相互《たがい》の支証《ししやう》を尋《たずぬ》べし。支証《ししやう》なくば、討《う》たれ候かたの理運《りうん》たるべきなり。

当事者二人しかいない状況で、人を待ち伏せしたくせに返り討ちにあった者、正確にはその遺族が被害者を装って「待ち伏せにあったんだ」と主張したりするケース。あるいは、待ち伏せをして相手を殺害して口を封じておいて、自分は「待ち伏せされたけど、返り討ちにしてやったんだ」など主張するケース。このような話で問答になったばあいは、たがいの物証を調べよ。物証がないのなら、討たれた者を勝訴とする、というわけです。一方は待ち伏せして返り討ちにあったくせに、待ち伏せされて殺害されたと言い張り、一方は待ち伏せして殺害したくせに、待ち伏せされたけれど返り討ちにしたというヤツがいる。

桜井　当事者が二人しかいないばあいだからね。こんなの映画か、実際にもなかったかな。警官がバッと踏みこんでいったら、男二人が取っ組みあっていて、「いったいどっちが犯人なんだ」って、迷ったあげくに犯人に加勢してしまう。

清水　取っ組みあっていたら、どっちが犯人かわからないですね。やられているほうがとりあえずの被害者かなと思ってしまいますけど。ここでは「人を待ちたるものくちなしに討ち」とあるから、ほんとうに相手を殺してしまうのでしょう。勝俣注では「くちなしに討ち」を不意打ちと解釈していますね。ここはどちらかというと、「殺して口封じをしてしまう」と読みたいですね。

桜井　「待ち伏せされたので、返り討ちにしてやりましたよ」と弁解する。

清水　相手は死んでいるから、真相はわからないわけですね。

桜井　死人に口なしでね。裁判で争う相手は、被害者集団になるわけでしょ。

清水　ここでは相手は殺されていますからね。やはり「くちなし」は口封じなんですね。

桜井　ほんとうは待ち伏せして殺したくせに、待ち伏せされて殺されそうになったけど、返り討ちにしてくれたよ、といっているわけでしょう。

清水　それはなかなかうまいですね。ほかにも人に呼びだされて出かけていった途中で殺されたのは、呼びだしたヤツが悪いという条文もありますね。帰り道で殺されたときにはどうだという規定もありましたね。

桜井　行きと帰りで若干ちがうんだよね。30・31・32条あたりだね。

30一　人の在所《ざい》の内《うち》より、人を呼《よ》び出《いだ》すのとき、呼《よ》び出《いだ》され候もの、そのまゝ何方《いづかた》へも行《あり》き、闇打《やみうち》に討《う》たるゝ事あり。以前呼《いぜんよ》び出《いだ》し候ものゝ、越度たるべし。たゞし誤《あやま》りなき支証《しせう》あらば、罪科《ざいくわ》に処《しよ》すべからず。

31一　人の方《かた》へ呼《よ》ばれ、そのところより帰《かへ》りの道にて、闇打《やみうち》に討たるゝ事あらば、以前《いぜん》の呼手《よびて》の役《やく》として、殺害人《せつがいにん》の支証《しせう》相尋べき也。

清水　30条は、人を在所の内から呼びだすときに、呼びだされた者がそのままどこかで闇討ちにされることがある。そういうばあいは、呼びだした者の越度である。31条は、人のところに呼ばれて、そこからの帰り道で闇討ちにされることがあれば、呼んだ者が自分の無実を証明しろ、ということですかね。

どっちの罪が重いんだろう。31条はもしかしたら30条を前提にしているので、呼び手が越度になることが大前提なのかもしれないですね。

桜井　31条のほうが呼び手の嫌疑は薄いんじゃないかな。

清水　「越度」とまで書いていないところをみると、そうですかね。だったら、いやなヤツは呼びだした帰りに殺すほうがいいですね。（笑）　でも一般的に考えて、用事がすんでいないのに殺されるのと、なにか用事があった帰り道に殺されるのでは、やっぱり用事がすんでいないばあいのほうが怪しいんですかね。

桜井　31条の勝俣注に「前条より蓋然性の少ないという条件に応じ、即座に犯人とはされないが、現実の犯人をあきらかにしえないばあいは、当然殺害人とされたと考える」とあるとおりだね。やっぱり、呼びだしたときに来る途中で殺すよね。

清水　でもたしか新撰組が伊東甲子太郎を暗殺するときは、呼びだして飲ませたあとの帰り道ですよ。行きでも帰りでも、実際はあんまりちがわないような気もするけど…。

桜井　でも30条と31条では、嫌疑の度合いがあきらかにちがうね。こんな規定はほかにないね。ここが「塵芥集」のおもしろいところだよ。

清水　ほかの分国法には絶対にないですね。32条なんかは？

桜井　32条は、使い走りの人間がどうなるかという規定だね。

32一　人の使《つかい》として、人を呼《よ》び出《いだ》し候とき、相たのみ候人、いま呼《よ》び出《いだ》す人を討《う》ち逐電《ちくてん》のうへ、かの使《つかい》にたのまれ候もの、根本《こんぽん》の子細《しさい》を知《し》らずといふとも、同罪《どうざい》たるべし。殺害人《せつがいにん》に与《くみ》するのゆへなり。たゞしこれを知《し》らざる支証《しせう》紛《まぎ》れなくば、其咎《とが》をのがすべし。

人に使いを頼まれてある人を呼びだしたら、自分に使いを頼んだ人が、自分がたったいま呼びだしたその人を殺して逃げてしまった。この使いは、たとえ事情を知らなくても、結果的に殺人に与したのだから同罪だ。ただし、知らなかった証拠があれば、罪に問わない、というわけだね。

清水　「〜ゆへなり」は、植宗はかならず直前の文章の論拠が弱いときに使いますね。

桜井　なんでそうなのかを説明しないとみんな納得しないだろうなというときだね。ここでは結果責任だといってるわけだね。心情的に悪意がなくても、結果次第で罪になる。別に「塵芥集」だけでなく、結果責任というのは、中世の法理として案外多いんじゃないかな。

清水　でも、「たゞし、これを知らざる支証紛れなくば」とある、このばあいの支証ってなんですかね。

桜井　ここは揺れているんだよ。最初は責任倫理でいこうと思ったのだけど、最後にぶれて心情倫理にもどってしまっている。

清水　このばあいの支証はなんですか。物証はありえないですよ。自分を呼びつけに行かせたヤツを捕まえる以外にないですよ。呼びつけてこいと命令した人物を証人に引っ張ってきて、「あいつは使者として出むいただけで、なにも知らなかったはずだ」といわせるしかないですね。

桜井　ほんとうに困ったね。どうやって証明するのだろうね。

清水　それしかないんじゃないですか。

桜井　そのほかにあるだろうか。

清水　ないですよ。

濱　たとえば、私が清水さんに「桜井さんを呼んできて」と依頼したとしますよね。

清水　そして、私が桜井さんを呼びに行った。するとその後、桜井さんが濱さんのところに行く途中でだれかに殺された。そのとき、「おまえもグルだろう」といわれた私は、「いや知らずに呼びに行ったんだ」「呼びに行くことだけを濱さんに頼まれたのだ」ということを、物証でどうやって証明するかですよ。濱さんを連れてくるしかないでしょう。
桜井　ほかにないね。詰んじゃっているよ。
清水　使いに人を呼んでこいと命令するとき、わざわざ使いに宛てて文書を書く人はいないですからね。
桜井　無実だと主張する生口が出頭してきて拷問をうけるのと同じくらい、ありえなさそうな話だね。
清水　ここでちょっとぶれているのは、「ゆへなり」も含めて、稙宗が躊躇《ちゅうちょ》するのは、自分の論理にあまり自信がないのですかね。
桜井　だから、「たゞし」以下で変えてしまったんだね。
清水　でも、変えたことになっていないですよ。
桜井　そうなんだけど、かなり弱気だね。
清水　自分でもいっていることに無理があると感じていたのですかね。
桜井　この三ヶ条を立法したというのは、この時期の殺し方がたぶんこんな感じだったんだよ。中世ってだいたいはだまし討ちでしょ。
清水　京都の街中でも、よく大名が自分の手にあまる被官なんかをだまし討ちで殺してますね。
桜井　イエズス会の宣教師たちが書いている日本人の殺し方は、みんなだまし討ちだね。まっとうな殺し方はしないよ。
清水　殺されるほうだって死にたくないから、ストレートに討手を送りこまれたら、主人だろうが、なんだろうが必死になって抵抗しますからね。だまし討ちがいちばん無難な抹殺の仕方なのかもしれない。
桜井　これはわりとあることなのかな。あることだから、三ヶ条にもわたって書いたんだろうか。でも頻繁にあったにしても、三ヶ条も割くほどのことかな。
清水　なんだか少し被害妄想的なところもありますよ。
桜井　実際に目のまえでおこっていることを裁くために立法したとしか思えないほど無駄なディテールの多い条文もあるよね。目のまえにおきていることを裁くために立法したとしたら、これは遡及効果をもつ法ということになってしまうね。
清水　でも冒頭では「遡及しない」って書いてありますよ。
桜井　そう書いてあるのだけど、ほんとうにそうなのかな。
清水　次回、同じケースがおきたときのためじゃないですか。
桜井　稙宗を信じるならね。近代法的な不遡及の原則を「塵芥集」の冒頭で謳《うた》っているのだけど、それを清水君は信じますか。
清水　次回、同じケースがおこったときのためにしては、こんなレアなケースは二度とないだろうということを書いているのは事実ですよね。だから、稙宗が処理した案件の量刑内容を、裁判記録みたいな感じで、事後にそのまま「塵芥集」に盛りこんだという感じはしますけど。
桜井　一種の判例集ね。でも法に必要のないディテールがあまりにも多すぎるんで、ちょっと疑ってみたくもなったわけ。清水君は植宗にやさしいな。

4 犯罪者を成敗せよ
～自力救済と当事者主義2～

伊達家では独自の犯罪捜査や逮捕がおこなわれず、それらは被害者による「生口」制に委ねられていた。しかし、伊達家にはほんとうにいっさいの警察機構がなく、捕縛や刑の執行などのすべてを被害者側が担っていたのだろうか？　たとえば、それとは別種の、もうひとつの司法警察制度の存在を想定することはできないだろうか？　ここでは「むて人」と「成敗」という言葉に徹底的にこだわることで、新しい解釈の可能性を考えてみることにしよう。

「成敗」は追放刑、「むて人」は被害者集団

桜井　「塵芥集」には、めずらしい言葉がいろいろ出てきてね。「やりこ」や「在所」もそうだし、「塵芥集」は言葉という点からいっても、かなりおもしろい材料だね。そのなかのひとつに「むて人」があって、それが出てくるのが24条ね。

24一　親子《おやこ》兄弟の敵《かたき》たりとも、みだりに討《う》つべからず。たゞしくだんの敵人《てきにん》、成敗《せいばい》終《をは》つての、ゝち、配領《はいりやう》中へ徘徊《はいくわひ》のとき、むて人走《はし》り合《あ》い、親《おや》の敵《かたき》といひ、子《こ》の敵《かたき》といひ、討《う》つ事越度《をつと》有べからざる也。

親子兄弟の敵であっても、みだりに討ってはならない。ただし、くだんの敵人の成敗が終わったのち、伊達の分国中をうろついていたときに、「むて人」が発見して、親の敵といい、子の敵といって討つのはかまわない。

要するに敵討ちの禁止だね。その例外規定として「たゞし」以下があるけど、この条文で大事なのは、「成敗」とはなにかがわかることだね。「成敗」には処刑のイメージがあるけれど、「塵芥集」の「成敗」はかならずしもそうではなくて、少なくともここの「成敗」は追放刑だね。

追放刑に処せられたのに、のこのこ舞いもどってきたら、敵討ちの餌食《えじき》になっても仕方ありませんよ、というのがこの条文の趣旨だと思うのです。ここから「成敗」が処刑でなく、追放刑を意味していることがわかりますね。

さて、その舞いもどってきた殺人犯のもとに駆けつけてきて、「親の敵だ」「子の敵だ」といって討つ「むて人」とはなんぞや、ということですが、勝俣注では「分別のない人」「ものごとの道理がわからない人」とあるね。けれども、文脈からして僕は被害者集団と解さざるをえないだろうと思うのです。最新の辞書類を確認していないけど、「むて人」の意味は勝俣注と同じですかね。

清水　小学館の『日本国語大辞典　第二版』(二〇〇一年)では「無手人」という字をあてて立項しています。用例は「塵芥集」だけで、語義は「無手な人」。「無手」は「前後のみさかいのないこと。あるいは強引なこと」とあるぐらいです。ただ、一九六〇年にドイツ人で「塵芥集」について研究された

W・レールさんの本"Jinkaishū"（邦訳なし）では、桜井さんと同じで「むて人」を「被害者」と訳して、かなりふみこんだ解釈をしているみたいです。レールさんは、日本法制史の石井良助さんの演習に出席して、そこで得た知見をもとにドイツ語訳をつくられたそうですから、これも石井良助さんの解釈なのかもしれないですね。

桜井　「愚か者、あまり頭のよくない」という意味もたしかにあるんだけど、それでは24条はうまく解釈できない。前後の文脈からすると被害者集団としか解しようがないのです。「むて人」は、「塵芥集」には24・55条と巻末の起請文の三ヶ所出てきます。巻末の起請文は、勝俣注どおり「分別のない人」「ものごとの道理がわからない人」でうまくいくんですけどね。

清水　「人の才覚により、むて人を申しつめんとし」ですね。「ずるがしこいヤツがバカなヤツを追いつめる」という意味で使ってます。

「成敗」請負人はだれか？

桜井　そう。道理もないのに才覚だけは長《た》けている人がいて、一方の「むて人」は、愚かであるがゆえに、その人に言葉で太刀打ちできず、道理があるのに負けてしまう。起請文に出てくる「むて人」は、「分別のない人」「ものごとの道理がわからない人」の意味でいいね。でも、24条の「むて人」はそれではうまくない。もう一つは55条で似たような内容だね。

55 一　盗《ぬす》人成敗《せいばい》終《をは》つて後《のち》、くだんの盗《ぬす》人格護《かくご》いたし候輩《ともがら》、同罪《どうざい》たるべし。同《（おなじく）》成敗《せいばい》を申請《う》け、むて人内輪《うちは》にて相済《す》ます事、両方《りやうはう》ともに罪科《ざいくわ》に処《しよ》すべきなり。次に盗《ぬす》人沙汰《さた》なしに、相済《あいす》ますべからざるなり。

盗人成敗が終わったのち、盗人を匿う者がいる。というのだから、これも「成敗」は処刑では意味が通じなくて、追放という意味でとれば、いちおう訳せる。盗人成敗で追放されたのだけれども、ひそかに国にもどってきて、それを匿った人間は同罪であるということだね。55条からみても「成敗」＝追放刑でいけるね。

次がひじょうにむずかしいところで、成敗を申し請ける人がいる。つまり、伊達氏が自分で成敗するのではなくて、成敗を請け負う人がいる。その請け負う人はだれかと考えたばあい、「むて人」が請け負う主体であるという解釈がひとつありうるね。もうひとつは、「むて人」以外の第三者が請け負う可能性もあって、ふたつの解釈ができるね。

もし、24条で推定したように、「むて人」が被害者集団であるとすると、請け負う主体が被害者になるわけです。被害者が成敗を引きうける。要するに、追放刑を執行するのは、被害者集団である。ところが、引きうけたのだけど、内々にすましてしまって、追放刑に処さずに和解してしまった。そのばあいには、「両方」とも罪科に処す。「両方」とは、盗人と「むて人」、加害者と被害者という解釈にならざるをえないね。

請け負う主体が「むて人」以外だとすると、たとえば、伊達家の家臣が「おまえやれ」と命じられて、その人はほんとうであれば、国境まで連行して、そこから追いださなければいけないのだけど、それをせずに、「むて人」と盗人のあいだをとりもって、「こんなに反省もしていることだし、許してやれないか」などといって示談ですましてしまう。そのばあいは「両方」ともに罪科に処す。このときの「両方」がだれになるかというと、盗人本人の罪科は自明だから、成敗を請け負った家臣と「むて人」＝被害者ということになりますね。

「次に盗人沙汰なしに、相済ます」とあるのは、伊達家に訴え出ず、内済、示談で解決してしまうこと、表沙汰にせず、盗人と被害者のあいだで、「二度とするなよ」ですましてしまうのはいかん、ということとじゃないかな。

伊達家の司法警察制度の不完全さ

桜井　これはひじょうに重要な条文で、解釈によっては、勝俣さんが想定された構図に再検討をせまることになるかもしれないのです。勝俣さんは「成敗」を処刑と解釈しておられるようだけど、「成敗」には、むしろ追放刑で解釈したほうがいい条文もあるというのがひとつです。

もうひとつは、23・26・37条などに「科人を討つ」というのが出てきて、これはたしかに犯人の処刑なんですが、実際にそれをするのはだれかという問題だね。現代人の感覚だと当然、伊達家の役人がやるのだろうと思ってしまうけど、「塵芥集」を読むと、どうもそれでは解釈できない。ということで勝俣さんは、新しい解釈として、犯人を討つのは被害者集団にほかならないといっています。ただし、被害者集団が伊達家の許可をうけずにそれをやると、私的成敗にあたってしまう。「塵芥集」を貫く原則として、自力救済行為である私的成敗は禁止なのです。伊達家の許可なく、被害者が加害者を討つことは許されていません。

ところが、伊達家に披露して、「よしおまえたちの言い分を認めよう、おまえたちあいつを討ちに行け」とお墨つきをもらえば、私的成敗ではなくて、公的権力の代行者に変貌する。それが勝俣論文後半の主張で、伊達家の官憲がやるべきことを被害者集団がやる。ただし、それは伊達家のお墨つきを得てはじめてできることであって、勝手にやってはダメだった。

たしかに「塵芥集」を読むと、被害者集団が討手だと考えたほうがすんなり訳せる条文がけっこうあって、ほとんどそれでいけそうかなとも思うのです。伊達氏がなんでそんなことを許すのかというと、勝俣論文は、その原因を伊達氏の司法警察権の弱さに求めていて、伊達氏は「自身で犯人の処罰を行なわないで、罪の認定を行なうだけ」だったといっています。そして「あとは公的権力をバックにした、被害者による私的成敗を認めた」、つまり被害者にやらせたというのです。また、別のところでは「伊達氏が、私的成敗の禁止を、その分国法の一つの法理としてかかげながら、現実には、公的権力をバックにしていたとはいえ、私的成敗を認めていたことを推定したが、この法理と現実のギャップは、やはり伊達氏のこの段階における司法警察制度の不完全さに求めざるをえない」とも指摘しています［勝俣 一九六二］。

ほんとうは伊達氏がみずからの手勢、官憲の手でやりたかったのだけど、制度の不完全さから被害者集団にお墨つきを与えて、伊達家の官憲としての役割を代行させたのであろうというのが勝俣論文後半の趣旨であって、この理解はわれわれの底本である『中世政治社会思想』の勝俣注にも貫かれているね。

「成敗」請負人の実像

桜井　だいたいの条文はそれでいけそうなんですが、問題があるとすれば、この55条の解釈なのです。もちろん、55条の「成敗」を申し請ける主体を「むて人」＝被害者と解釈して破綻がなければ、勝俣説でもいいのですが、もうひとつ別の解釈として、被害者集団とはまた別な家臣が「成敗」を申し請けていた可能性もあるんじゃないかということです。

処刑だったら被害者集団にやらせてもいいのですが、ここでの「成敗」は追放刑でしょ。盗みは中世でいちばん嫌われた犯罪だというのに、その殺したいほど憎い犯人を被害者がわざわざ国境まで連れていって追放するわけ？　被害者感情として、それはむずかしい。むしろ、第三者である任意の家臣に命じて、国外追放させるほうが現実的で、けれども、そうしないで被害者とのあいだで内済ですましてしまう行為が、ここで問題になっているのではないですか。

もう一つ、これと関係する条文が151条だね。

151 一　科人《とがにん》の在所成敗《せいばひ》のとき、財宝《ざいほう》・牛《うし》・馬《むま》・眷属《けんぞく》以下、そのたとうにて候はゞ、代官《だいくわん》のもの奪《うば》ひ取《と》るとも、不レ及二是非一。其場《ば》を遁《のが》れてのち人を相《あひ》たのみ、或《あるひ》は走入《はしり》と申、或《あるひ》はもとの主人《しうにん》に得《え》たるよし申族《やから》候とも、其地頭へ返《かへ》し付べき也。作毛《さくもう》の事は、代官衆《だいくわんしゆ》一向競望《かうけいばう》あるべからず。地頭之儘《（まま）》たるべき也。

ここに科人の在所成敗とあって、この「在所」が家・屋敷でいいのかどうかもむずかしいね。地頭が出てくるので、もしかしたら科人のいる領地とか、もう少し広い意味かもしれないけど、とりあえず家で訳してみると、科人の家を成敗するとき——このばあいは代官が成敗にむかうのでしょう。——代官の者が科人の在所成敗にかこつけて、財宝・牛・馬・眷属などの略奪をはたらいても、その当座であれば見逃そう。これは、いわゆる「検断得分《けんだんとくぶん》」に関する規定だね。中世には犯罪者から没収した財産は、盗人ならその盗品を含めて、みな検断権(警察権)を行使した者の収入になる。これを「検断得分」というわけだけど、戦国時代はちょうど移行期でね。だんだん盗品を元の所有者に返すようになっていくんだけど、伊達氏は、この中世的な「検断得分」をまだいちおう認めているわけだね。

その次がむずかしいね。「その場を遁れてのち人を相たのみ、或ひは走入と申し、或ひはもとの主人に得たるよし申す」あたりをどう解釈するかね。

清水　「人を相たのみ」だから、「人」は不特定のだれかではないですか。主人の罪の巻きぞえを食うのがいやで逃げてきた下人《げにん》を匿ってやる第三者がいるんじゃないですか。それで、その下人を匿った第三者が、じつはこの下人は科人から正当な手続きで譲りうけたものなんだと言い張る。

桜井　そうだね。それがいいね。第三者がいいね。

清水　だけども、そんな主張は通らないから、地頭に返しなさい。

桜井　そうすると、この条文は三節に分かれるね。最初と最後には代官が出てくるけれども、真んなかだけちがう話になってしまうのかな。

清水　代官が検断得分として手に入れることができるのは、検断のその場のときだけで、その後の話とか、作毛については地頭の管理下におかれる、ということになるのかな。

桜井　地頭にいくか、代官にいくかという話だとすると、最初のばあいは代官へ、二番目と三番目は地頭へということなのかな。

清水　そうだと思いますね。

桜井　するとこの条文は、科人成敗に出動した代官と、科人の家の所在地の地頭のあいだで検断得分をどう分配するかについての規定ということになるね。

清水　そういうことになりますね。

濱　その場を逃れたのは、だれですか。

桜井　科人の眷属や下人でしょう。牛・馬はもしかしたら、財宝といっしょで「主人に得たる」のほうにかかるのかな。

清水　そうですね。戦国の「預《あず》け物改《ものあらた》め」を連想させますね。科人や落人《おちうど》があらかじめ財産をしかるべき人のもとに疎開させていたというようなばあい、その財産を後日に検断権者が引き渡せというのだけど、預かった人間は「いや、おれは預かっているだけだ」といって抵抗するということはよくありますよね。そんな状況ですかね。ところでこの話は、さっきの話とどこにつながってくるのですか。

桜井　ここでは科人の在所成敗の主体として「代官」が出てきて、勝俣注では「検断を行う役人」とあるね。勝俣説でいけば、これは被害者集団になるのでしょう。

清水　「代官」が被害者集団ですか。…でも勝俣注では「役人」になっていますよ。

桜井　でも勝俣説だと、その解釈ではいけないんじゃないですか。

清水　ただ、一方で33条のように他国の修験者が殺されたりしたばあいは、被害者の存在とは関係なく、職権的に伊達が犯人を追及することもありますよね。あるいは、さっきの「生口」の話でも、「生口」制が盗犯にだけ適用されていたのだとすると、盗犯以外の、たとえば殺人などの犯罪には伊達家が職権的に動いていた可能性も出てきます。この「代官」は、そういうことではないのですか。

桜井　ただね、次の152条の「科人成敗《とがにんせいばい》のとき、かの在所放火あるべからず。よって乱妨衆《らんぼうしゅ》、その四壁之《しへき》木竹をきりとり、家垣《いへかき》をやぶる事、罪科《ざいくわ》に処《しょ》すべきなり」はどう解釈するの？

清水　この「乱妨衆」は、伊達の正規の家来ではなさそうですよね。

桜井　それをやってしまうと、結局、恣意的な解釈になってしまうんだよ。どっちもあったということになって。被害者集団で訳してみてうまくいかなければ、それは職権的なケースだよ、ってことになるからね。それでいいのですか、ということだね。55条の成敗請負者が被害者集団なら、151条の代官も被害者集団だし、55条が被害者集団でないのであれば、151条も被害者集団ではないということだよ。

清水　そこまで統一的に検断に携わるのは被害者集団であると、すべての条文を説明できますかね。

桜井　できないでしょう。

清水　すべて被害者集団というのは、現実的にありえないと思いますよ。

桜井　たとえば連続殺人とか、窃盗常習犯とか、お尋ね者とかのばあい、被害者が大勢いるよね。そうなったときは、どうするのかね。

清水　問題は、だれが捕縛の任務を担うか、ですね。

桜井　僕はもしかしたら、伊達氏には分業化された専門の司法・警察担当の機関がなくて、なにか事がおきたときに、そのつど「じゃあ、おまえやれ」といって、任意の家臣に任せたのではないかなと思ってね。

清水　そうか。そうすると専従職員ではなかったけど、その指名された者がそのときだけ「代官」という肩書を与えられることになるのか。

桜井　司法・警察担当の専門化した職員がいない。だから、そういう連中の行動もいちいち規定してやらねばなかった可能性があってね。伊達家の役人がやるんだったら、科人を討つさいの手続きにしてもこんなに細かく決めておくはずはないだろうというのが勝俣説の出発点なんだけど、もし司法・警察専門の部署がなかったら、伊達家の家臣だって、いちいち言い聞かせないと、やっちゃうんじゃないの。152条の「乱妨衆」だって、一般の家臣がちょっと魔が差したら、「乱妨衆」になるんじゃないかと思ってね。

清水　なるほど。科人によってなにか被害をこうむった関係者に公的な立場を与えるのではなく、無関係の第三者にそのつど公的な立場を与えることもありえたのではないか、ということですね。当事者主義と職権主義の中間形態といった感じですかね。それはありえそうですね。

「成敗」請負人による示談の斡旋

濱　話がむずかしくて、よくわからないんだけど…

清水　55条の第一文では「盗人の「成敗」が終わったのち、盗人を匿ってはいけない、そんなヤツは同罪だ」とありますね。このばあいの「成敗」は、殺してしまったならば、匿いようがないわけなので、死刑という意味ではありえない。追放刑という意味だろうというのが桜井さんの解釈ですね。

第二文の「同じく成敗を申し請け、むて人内輪にて相済ます事、両方ともに罪科に処すべきなり」は、勝俣説に沿えば、「むて人」が「相済ます」の主語だとすると、「むて人」は被害者集団なので、伊達家から「むて人」＝被害者集団が「成敗」を請け負った。それで請け負ったくせに、盗人とナアナアですませてしまって、示談にもちこむというのは両方ともに処罰に値するという読み方ですよね。

ここで問題になるのは、このばあいの「成敗を申し請ける」の「成敗」が第一文の「成敗」と同じ意味、つまり追放刑だとすると、被害者集団は伊達家から追放刑の執行を委ねられるということになってしまう。それは考えにくいので、桜井説では被害者集団ではない人が刑の執行を請け負うという話にしたんですね。

桜井　そっちのほうが筋がいいんだよね。被害者集団が追放刑を執行するのは、ひじょうにむずかしいことだよ。

清水　そうですね。被害者集団には、そんなものを請け負っても、なんの魅力もないですよね。

桜井　被害者集団が請け負うのであれば、「成敗」は処刑以外には考えにくいんじゃないですかね。

清水　だから桜井さんの解釈では、さっきの「代官」の話と同じように、被害者集団とは別の第三者が追放刑の執行を請け負ったのではないかと。

桜井　伊達家の家臣のなかのだれかが請け負う。

清水　「代官」のケースみたいに、「おまえ、やれよ」というぐあいに指名された人間が請け負う。そのばあい、現代語訳をするときに第二文は、どういうふうに訳せるのですか。

桜井　「成敗」を申し請けた家臣が、加害者＝盗人と被害者＝「むて人」のあいだの調停をやっちゃうわけですよ。「私は殿様から追放刑の執行を命じられたのだけれども、まあ、もしあんた（被害者）が許すというのなら、丸く収めませんか」って感じだね。

清水　もちろん、ちょっと礼金というか、なにがしかの謝礼を手にする？

桜井　そこになにがあるかはわからないけどね。たんなる好意でやることもありうるだろうしね。

濱　「両方ともに罪科に処す」とある「両方」は、だれとだれ？

桜井　盗人は、罪科に処せられるのが自明なので、「むて人」と申し請けた家臣になるね。だから第二文をきちんと訳せば、「同じく伊達家から成敗を請け負った者が、内々に被害者と盗人のあいだの示談をとりもつようなことをしたら、成敗請負者も被害者もともに処罰する」となるかな。

示談の禁止にみえる戦国大名の自覚

清水　もうひとつ確認ですけど、次の第三文が「次に盗人沙汰なしに、相済ますべからざるなり」と、示談の禁止をいっていますよね。第二文でいっている示談の禁止と、第三文でいっている示談の禁止は、同じことをいっているように思えるのですけど、どうちがうのか。

桜井　一言でいえば、第二文の示談は、判決で追放刑が決まったあとの示談、第三文の示談は、裁判前の示談、つまりそもそも裁判をおこさずに示談ですますことでしょ。「盗人沙汰」の部分は、「盗人、沙汰なしに」と切るより、「盗人沙汰」とひとつの熟語として読んだほうがいいような気もするけど。要するに、定型化された盗人裁判のプロセスがあるということでしょう。「そのプロセスに乗せないで解決するのは、いけませんよ」「盗みがおこったらかならず「盗人沙汰」に乗せなさい、それなしには内済・示談ですますことは許されませんよ」ということかな。「盗人沙汰」という熟語のように読めませんか。

それにしても盗みを内々ですますことができないとなると、中世的じゃないね。当事者主義ではなくて、職権主義になる。いくら当事者＝被害者がいいといっても、そういう犯罪がおこったら、当事者がなんといおうが、そのプロセスに乗っけなくてはいけなくなる。

清水　被害者も許すといっているし、怒っている人もいないんだから、まあいいじゃないかというのはダメだと。

桜井　職権主義的だね。中世的じゃないね。盗人なんていうのは、たぶん一被害者が許しても、また別のところで再犯をくりかえすわけでしょ。そうなると、この一件だけの問題ではなくて、伊達領全体の治安にかかわるから、やはり盗人は許してはいかん。そのあたりに職権主義が出てくる背景があるんじゃないかな。

清水　そうした発想がちょっとみえはじめているということですかね。そもそも、自力救済に走ろうとしたり、勝手に示談にもちこもうとする被害者集団のことを、一貫して「むて人」という侮蔑語でよんでいるあたり、稙宗の苛立ちが伝わってくる感じがしますよね。

桜井　「おまえがよくても、分国全体の治安のためにはいけないんだ」「だからいまのうちに徹底的に「盗人沙汰」でやらなくちゃいかんのだ」というね。

清水　被害者は「盗まれた物がもどってきたから、今回はもういいですよ」というようなことはダメだ。

桜井　また新たな被害者が出てきたらどうするんだということでね。ここは、統治者としての自覚が出ているね。

清水　なるほどね。用水相論についての88条でも「万民の助け」とか、「民をはごくむ道理」という言い方をしていますよね。大名自身が一種の公共性を意識しはじめたのでしょうね、この時期に。それでいいんじゃないですかね。納得しました。

ところで、「成敗」という言葉は、24条や55条では追放刑の意味で理解できそうですが、「塵芥集」全体ではいろいろな意味で出てきますよね。ちょっと、あらためて「成敗」の語義を点検してみませんか。

四つの「成敗」

桜井　24条は追放のようだよね。

清水　追放でいいのかどうか微妙な例として、60条と61条がありますね。

60―　成敗《せいばい》の盗人《ぬす》ども、同類《どうるい》の中にて、其類人を討《う》ち、罷《まか》り出《い》で候はゞ宥免《ゆうめん》あるべきなり。

61―　盗賊《たうぞく》として成敗《せいばい》の後《のち》、くだんの盗人《ぬす》ども、いかやうの忠節《ちうせつ》なし候ともつや〳〵宥免《ゆうめん》あるべからず。ならびにかの盗人《ぬす》の子孫《しそん》、みだりに召使《めしつか》うべからず。又指南《しなん》有べからざる也。

60条は「成敗」された盗人でも、仲間を討ちとって自首した者は許してやるという内容。61条は盗賊として「成敗」された者は、その後、どんな功績があったとしても、罪が許されることはないという内容ですね。60条の「成敗」を追放刑だと解釈すると、追放された盗人は、仲間割れをおこして仲間を討ちとって出頭すれば、そいつを許してやるというのは、追放解除という意味になるのですか。

桜井　追放で解釈すれば、そうなるね。

清水　61条では盗賊として「成敗」が終わったあとで、その盗人がどんな功績をはたしたとしても、宥免してはいけないという言い方ですね。これも追放中ということですか。でも、60条だと伊達領から追放されたあとも盗人集団が集団を維持していることになっちゃいますし、61条だと伊達領から追放された盗人が他国で伊達家のために「忠節」をあげるということになって、少しおかしくないですか。この60条と61条の「成敗」は、追放というより、まだ領内にいて、指名手配みたいな感じじゃないですか。だから、「成敗」された盗人どもは、裁判で有罪が確定している連中ではあっても、刑はまだ執行されていないんですよ。だから、それを討ちとって出むいてくれれば解除される。追放刑では説明できないんじゃないですか。

桜井　たしかに追放ではうまくいかない条文がいくつかあってね。

清水　逆に死罪の意味で使っている条文はありませんかね。

濱　54条の「わたくしに成敗」はどう考えるのですか。

桜井　54条の「わたくしに成敗」はそうかな。でも、これも絶対そうだという確証があるわけじゃなくてね。

54―　盗人《ぬす》をわたくしに成敗《せいばい》する事、たとひ紛《まぎ》れなき盗人《ぬす》たりとも、成敗《せいばい》せしむるかたの越度《をつと》たるべし。
たゞしその主人《しう》へ申届のうへ、主人《しうにん》の成敗《せいばい》につゐては、是非にをよばず。

清水　盗人を私的に「成敗」することは、たとえあきらかな盗人であったとしても、あってはならない。でも主人が「成敗」することについてはかまわない。とあるんだから、ここで主人が追放するとは思えないですよ。そこは、たしかに死罪という意味で使っていますよ。「私的に追放する」とはならないですからね。

桜井　でも絶対死罪だと断定できる条文があるかというと、どうだろうね。

清水　130条はどうですか。

130　一　人を斬《き》り、人を殺《ころ》し候返報《へんぽう》として、同《おなじ》国の者、他国《たこく》にて相拘《かゝ》へられ、又は討《う》たるゝ事あらば、根本犯《おか》し候罪《つみ》の族《やから》を尋さぐり、成敗《せいばい》を加《くわ》ふべきなり。

殺害の復讐として無関係の同国人が他国で拘束されたり、討たれたりしてしまったばあいは、最初の原因となる殺人を犯した人物を探しだして「成敗」する。この「成敗」も死刑の意味には限定できないですかね。むずかしいかな。

桜井　「成敗」の内容はむずかしいね。

清水　でも130条が同害報復を意味しているのだとすれば、死刑ですよね。他国人を殺した人物の責任を追及して、「成敗を加ふ」といっているのですから。

桜井　ただ、ここでの「成敗」の内容は、真犯人の身代わりにされた者の家に引き渡されるのではないのかな。一種の解死人として。

清水　そうかなぁ…。

桜井　中世的なやり方であれば、引き渡されるよね。だけど、伊達がそうするかどうか、完全な自力救済を認めるのかどうかがひとつあるね。

濱　そうすると、「成敗」には、判決が下ることと、追放、死罪の三つがあるのですか。

桜井　じつはもうひとつ厄介なのがあってねえ。それが59条…。

59一　科人成敗《とがにんせいばい》のとき、財宝《ざいほう》・妻子《さいし》・眷属等《けんぞくとう》、縁者《えんじゃ》・親類《しんるい》走《はし》り入《（いり）》許容《きよよう》いたし候はゞ、同罪《どうざい》たるべし。たゞし披露《ひろう》のうへ、罪《つみ》の軽《かろ》き重《おも》きに付て容赦《ようしゃ》有べし。その罪《つみ》を宥《なだ》むる輩《ともがら》においては、格護《かくご》の人躰苦《にんたいくる》しかるべからざる也。

まえに151条でもみたように（97ページ）、財宝・妻子・眷属等はいわゆる「検断得分」というやつで、本来なら「科人成敗」をおこなった者、警察権を発動した者の収入になるはずのものでしょ。ところが、こういうことはよくあったと思うんだけど、科人の縁者・親類が事前に科人から財宝を預かったり、妻子や下人などを匿ってしまう。それは警察権発動者からみれば、当然のとり分である「検断得分」を横どりされたわけだから、盗人と同罪だという。そこまではわかるんですよ。

問題はそのあとで、「披露のうへ、罪の軽き重きに付いて容赦有るべし」とある。「披露」は伊達家への披露だから、「科人成敗」のあとで伊達の裁判がはじまるんだよね。裁判のあとに「科人成敗」じゃなくて、「科人成敗」のあとに裁判なんですよ。しかも「罪の軽き重き」とはだれの罪をいっているのか。

清水　妻子を匿った人の罪ではないんですか。

桜井　そうすると次の「罪を宥むる輩」がまずくてね。これは「無罪となった者」という勝俣注でいいと思うんだけど、それでいくと三つ目の文は、「無罪となった者」のばあいは「格護の人躰」も無罪にするという訳になるよね。「格護の人躰」が匿った者だから、「罪を宥むる輩」はどうみても科人本人なんだよ。本人が無罪のばあいには、妻子や下人を匿った者も無罪になるというわけだね。そうなると二つ目の文の裁判も、匿った者じゃなくて、科人本人の罪の軽重を審理していることになる。だから最初の「科人成敗」の時点では、裁判前だから、じつはほんとうの「科人」かどうかはまだ確定していないんだよね。言葉は「科人成敗」なのに。矛盾だよね。

清水　たしかにそうですね。すると「科人成敗」は犯人の逮捕を指しているとか。

桜井　ひとつの可能性としてね。ただ、だとすると、ますますそれを被害者集団にやらせていいのか、というのが問題になるね。たしかに「検断得分」が被害者集団にいくというのは、ある意味合理的だけど、逮捕までで抑えられるのかどうか。

清水　処刑しちゃうかもしれませんよね。しかも伊達家への「披露」前ですよね。伊達家の許可を得なければ、私的成敗の禁止にひっかかるわけでしょ。そんな許可いつとれるんでしょうね。

桜井　ほんとうだよねえ。やっぱり被害者集団が科人成敗をするというのは無理筋な気がするな。要するに151条の「代官」だよ。でも任意の家臣がやるというのも、伊達家への「披露」前じゃ無理だし。困ったね。やっぱり任意の家臣じゃなくて、伊達家からあるていど自由裁量を認められた「代官」とよばれる役職があったんだろうかねえ。振りだしだなあ。

濱　60条、61条の「成敗」は、逮捕ではいけませんか。

桜井　59条につづいてるしね。

清水　でも、どちらも「成敗」後にも自由な身であることが前提になりますから、逮捕ではやっぱりうまくいかないいんじゃないですか。

桜井　まだ追放のほうがましか。

濱　「成敗」に判決、追放、死罪のほかに、さらに逮捕の意味まであるとなると、もう文脈で解釈していくしかないのですね。

清水　そのほうがいいんじゃないかな。

桜井　どうもそう考えざるをえない。むずかしいねぇ。（笑）

清水　今日はもう、これくらいにしませんか。

桜井　そうだね。ちょっとまいったな。

Ⅱ　売買のトラブルはゆるさない

1 土地の安堵と売買のいさかい
〜買地安堵状の効果〜

第Ⅱ章では、売買をめぐる問題を扱う。

伊達稙宗は、家臣たちの購入地を稙宗の名で公認する買地安堵状《かいちあんど》とよばれる文書を多く発給している。これは、家臣たちの土地支配を安定化させる一方で、稙宗からみれば彼らの土地を個別把握することにもつながった。この買地安堵制は、稙宗・晴宗期の伊達家に顕著にみられる施策である。この買地安堵制を足場に、その後、稙宗は「棟役日記」や「段銭帳」を作成するなどして、家臣の知行地を統一的に把握することをめざす。しかし、一方で土地売買をめぐる紛争は複雑な様相をみせ、つねに稙宗の意図を上まわって展開した。ここでは土地売買をめぐる紛争に稙宗がどのような対処法を用意し、それと買地安堵の政策がどのようなかかわりをもったのか考察してみた。二人の話はやや脱線して、稙宗の女性関係にまでおよぶ…。

陪臣への安堵状

清水　おはようございます！　昨日は主に検断問題を扱いましたが、二日目の今日は売買の問題を考えようと思います。

まず最初に土地売買に関する問題を扱ってみたいと思います。研究史上、伊達稙宗の土地政策として有名なものに、買地安堵制というものがあります〔藤木 一九六六〕。これは土地を個人的に購入した家臣に対して、稙宗がその買地の支配権を認める安堵状を発給するというもので、永正《えいしょう》八年(一五一一)を初見として、現在、稙宗の買地安堵状は全部で四五点ほどが確認できます。当時の土地売買は徳政の問題などもあって不安定なものですから、これは買地安堵をうける側からすれば、売買契約が伊達家によって公的に認められるわけで、ありがたいものです。一方で稙宗からすれば、身銭をきらなくても家臣たちに恩義が与えられるうえに、家臣の所領規模を把握することもできるわけですから、きわめて巧妙な政策だといえます。

買地安堵のことで僕が注目したのは、稙宗のキャラクターともかかわる話なのですが、103条です。

103 一 **又被官《ひくわん》の買地《かい》、直《ぢき》に書下《かきくだし》をなすのとき、主人《しう》かの所帯《しよたい》に競望《けいばう》いたすべからず。書《か》き載《の》するところの子孫《しそん》の進退《しんたい》たるべき也。**

「又被官」というのは、伊達家の家臣の家臣、つまり陪臣《ばいしん》のことですね。又被官の買地について、直接に買地安堵状を与えるばあいは、伊達家と又被官のあいだに入っている主人が、そのことについて妨害してはいけない。また、その後もその土地は買地安堵状に名前の記載のあった又被官の子孫が支配すること、ということです。

又被官に与えた安堵にはその主人も干渉できないということですが、封建制の本質からすると「臣下の臣下は臣ならず」といわれるように、伊達家といえども主人の頭越しに又被官に安堵状をだすのは、異例なことです。にもかかわらず、頭ひとつ飛び越えて、稙宗は又被官に安堵状を下している。はたして、こうした具体例があるかというと、一例だけあるのです。『大日本古文書　伊達家文書』八四号の稙宗安堵状案です。

一　田手石見守所より買地、伊達東根金原田の郷内、南田六斗巻、并びに荒神の西田一石巻、各々本状に任せて、永代相違有るべからざる者也。仍つて後日のため証状件の如し。

永正十六年三月廿三日　　稙宗

小少将との御取つき

御代田のひくわん　なかさい

小林宏さんが指摘しているのですが、御代田《みよた》某の被官の「なかさい」という人物に対して、御代田某を飛び越して稙宗が買地安堵をしていて、これが103条でいっている又被官に対する買地安堵の実例ではないかということです［小林宏　一九七〇：七三頁］。だとすれば、稙宗のやっていることはかなり強権的というか、異例なことなのですが、日付の後に「小少将《こしょうしょう》との御取《おんとり》つき」とあって、端裏書《はしうらがき》にも

「こせうしやうとの御とりつき」とあるのが何なのかです。
何らかの人物がどうも「取次」に入ったために、頭越しの買地安堵という異例なことがおこなわれているようなのです。小少将は女房名ですよね。

桜井　そうでしょう。

清水　だとすれば、稙宗の側近の女房があいだに入っている。しかも、その事実を堂々と文書中に明記している。いわゆる女中の取次とか、禅律僧の取次というのは、「建武式目《けんむしきもく》」以来、室町幕府ではすごくいやがられることですね。それが稙宗のばあい、こういうかたちで常態的におこなわれていて、又被官に対する頭越しの安堵ができているのではないか、と思ったのです。そうすると、稙宗周辺の女性関係が気になるところですが、それにかかわるのが148条です。

148一　宮仕《みやづかゐ》の女房《ねうばう》、その主人《しうにん》に暇《いとま》を請《こ》はずして、出走《いではし》る事、男《おとこ》・女《をんな》のかはり有べからず。男《おとこ》の奉公《ほうこう》のごとく、本主人《しうにん》の方《かた》へ返べき也。

小林宏さんがすでに、この条文中の「宮仕」という言い方に着目しています。もちろん、この宮仕は京都の天皇に仕える女房のはずはなくて、どうも稙宗に仕える女房のことを宮仕といっているらしい。そもそも稙宗にはみやびな王朝趣味があったので、自分の女房のことも宮仕なんてキザな言い方をしているのではないか、というのです〔小林宏 一九七〇：三三三頁〕。

とすれば、稙宗周辺の女房は、少し特殊な役割や地位が与えられていた可能性はないかと思ったのです。たとえば稙宗が作成した段銭台帳である「段銭古帳」（小林宏『伊達家塵芥集の研究』所載）の傍書からわかるのですが、段銭の一部分が「御中館《おんなかだて》」とか「御下《おんしも》たて」という人物に上納されているのが気になります。この御中館・御下館というのは、二人とも稙宗の側室なのです。

「伊達《だて》正統《せいとう》世《よ》次考《つぎこう》」（『桑折町史』所載。本書巻末略系図参照）に載せられた系図には、稙宗の子女二一人の母がだれであったかが細かく記されています。まず正室は蘆名盛高《あしなもりたか》の娘。次に側室の下館は女子三人と宗澄《むねずみ》を産んでいます。その次の側室中館は桑折《こおり》四郎（宗貞）と宗清《むねきよ》、大有《だいゆう》和尚（康甫）を産んでいます。こうした側室たちに段銭のとりたてた分をそれぞれ下し与えているというのは、一般的なことなのでしょうか。また、さきほどの又被官への買地安堵を斡旋した女房、小少将なんていうのも、おそらく彼女たちに仕えた女房の一人だと思うのです。

又被官の安堵に対して女房が介在していることもおかしいし、稙宗のハーレムに仕える女性たちのことをわざわざ宮仕とよんでいるのも奇妙です。しかも、在地から徴収した段銭のなかから、自分の側室たちにかなりの量を分け与えている。稙宗の女性関係はこれまでまったくいわれていないのですが、「塵芥集」にはひじょうに神経質なところがある一方で、じつは稙宗は女性関係には奔放なところがあったのじゃないか。たとえば、彼が失脚する原因のひとつに、こうしたプライベートな部分でのルーズさがあったのではないかな、というのを思いついたという話です。

桜井　ルーズさなのか、本来、女性の経費はどこからだすべきなのか、という問題もありますね。

清水　どうなんでしょうね。

桜井　本来だったら直轄領の一部を与えるか。

清水　側室連中に割りふっている事実をどう考えるか。あまり例はないですよ。室町幕府だと、御台所《みだいどころ》(将軍正室)の御料所《ごりょうしょ》とか、大方殿《おおかたどの》(将軍生母)の御料所みたいなものがありますけど、戦国大名で自分の所領を女房の名前で管理するのはあまりないと思うのです。稙宗周辺の女房は、史料は少ないのですが、気にしてみると何かわかってくるのかな。

稙宗の側室たち

桜井　側室は全部で何人いたのですか。「世次考」には「母は知らず」というのもあるね。側室の数としては、それほどではないね。伊達にかぎらずかもしれないけど、年貢収入が少なくて、段銭収入にかなりの部分を依存していたから、このことはそれほどとりあげるべきことなのかどうか。

清水　確実にわかるのは、五人ぐらいのようですね(巻末略系図参照)。

桜井　段銭の用途は、教科書的な理解でいえば、直轄領は台所入り、内々の用向きに使うのに対して、段銭などの税は公的な用途に使うということだけど、伊達は年貢収入が少なかったから、本来年貢から支出すべき部分が段銭部分にかなり食いこんでいたということはありうるでしょ。そうなると、そのうちいくぶんかは側室の生活をまかなうために使っても、それほど咎めなくてもいいような気がするけど、甘いですかね。この手の史料は、ほかの大名には残っていないので、「段銭古帳」は貴重な史料だね。
清水　「段銭古帳」に「御中館」とか「御下たて」というような傍書がついていない箇所は、植宗に段銭があがっているわけですかね。
桜井　そのいくぶんかは、女房たちにも配当されていたんだろうけど、すべての女房が傍書に出てくるわけではないんだよね。「やわた殿」というのも出てくるけど。
清水　「やわた殿」は西山八幡社の神官ではないかといわれています。
桜井　そうですか。ところで、段銭の合計はどれくらいになるのかな。
清水　全部の段銭を彼女たちに配当していたら問題ですけど、数値でいうと、そんなにはならないですね。全体でいえば、傍書のないもののほうが多いですからね。
桜井　たとえば、一〇貫五〇文のうち四〇〇文を御中館。七貫五〇〇文のうち五〇〇文を中館分にしているね。
清水　いま計算してみました。中館分の合計は四四貫七〇〇文、下館分は七貫九三五文でした。伊達氏の段銭総計は六八二六貫七二五文といわれていますから、二人の側室の取り分をあわせても、全体の一パーセントにも満たないことになりますね。そうなると、比率的にはそれほど咎めることではないのですかね。
桜井　合計してもたいしたことはないのかな。それでも圧倒的に中館だな。下館は一ヶ所しかないね。中館と下館の差は気になるね。

清水　いわれてみれば、延宝《えんぽう》三年（一六七五）につくられた西山城絵図（290ジペー参照）をみると、西山城内には「中館」という郭があるのに「下館」という郭はないんですよね。

桜井　段銭帳には正室分がないんだよ。

清水　正室へは傍書のない正規の段銭から割りふられるのですかね。

桜井　「うへさま御分」とあるのは、何なんですかね。

清水　「かみさま」だとすると、お母さんですかね。

桜井　お母さんか妻か。「うへさま」と「かみさま」はいっしょなのかな。「うへさま」は仮名書きでしかないね。

清水　じゃあ、「かみさま」というわけではないですね。でも稙宗を「うへさま」ってよぶとしたら変ですよ。

桜井　それにしても中館ばかりだな。

清水　よっぽど偏愛していたんじゃないですか。（笑）

桜井　中館分といったばあい、側室の中館以外の、たとえば子供たちの生活をまかなう分も含まれるということはないのですかね。

清水　側室の子供の養育費？

桜井　全部想像になってしまうけど、傍書の数がそれほど多いわけでもなく、むしろ少ないくらいだけど、その大半が中館分になっているのは、なるほど気になるね。

清水　案外、小少将は、中館の女中頭《じょちゅうがしら》あたりで、権勢があったのかもしれないですね。
桜井　なるほどね。「御中館ひけ申し候」とある「ひけ申す」は何ですかね。「うへさま御分」ねぇ。わからんねぇ。たしかにおっしゃるとおり気になりますよ。
清水　「伊達正統世次考」の子女の名前が出生順だとすると、最初の子供たちはみんな正室の蘆名の娘の産んだ子です。その次に下館殿の産んだ子がいて、中館の産んだ子が最後ですね。中館は三人のなかではいちばん若いのかもしれませんね。
桜井　これは気になりますね。（笑）
清水　ここまで稙宗のことを掘り下げた以上は、気になりますよ。（笑）
桜井　これが失脚の原因になったかどうかはわからないけど、この傍書にある中館の多さは気になるね。あとは女房の口入《くじゅう》ですけど、これもこの一例しかないのでね。
清水　たまたまかもしれないですね。ただ、文中に女房の取次であると明記してしまうあたりが、あまりアンダーグラウンドな感じがしないんですよね。似たようなことが常態的におこなわれていたのではないかと。

買地安堵状の効果

桜井　買地安堵の問題にもどすと、買地安堵状が103条に「書下《かきくだし》」として出てきますね。これは絶対性のあるものとして位置づけようとしているところがあるね。103条が陪臣に対する買地安堵であるとすると、陪臣には基本的に関与しないのが主従制の原則ですけど、このケースはどうなのですかね。

土地の売買は、主従制とは別の論理で動いているところがあるので、たとえば直臣がその土地をだれか別の陪臣に売る可能性があれば、買地安堵状が陪臣に出される可能性もあるわけだよね。それが許されていればだけどね。ある伊達の直臣が別の直臣に売れば、当然、買地安堵は出る。ある直臣が自分の家臣ではない別の陪臣に土地を売ったら、それでもやっぱり買地安堵は出るんじゃないかな。

清水　でも安堵を請求するのは、売った人間ではなくて、買った人間ですよ。

桜井　だから、そういうことがありえたのかな。たとえば、「塵芥集」にも規定がなくて、この例だけがポツンと孤立してあったら、ごくごく例外的なケースと考えてしまうけど、「塵芥集」にも出てくるんだから、別に特殊事例ではないということになりますね。

清水　ええ。

桜井　小少将の特別な口入がなくても、ありえたんじゃないかな。この買った土地は、又被官にとっては、恩地ではなくて、私領になるわけだね。自分の主人＝伊達の直臣から給恩として与えられた土地ではなくて、自分のポケットマネーで買いとった私領部分だから、それに関しては主人が口をはさめないという理屈も成り立つかな。そういう土地については、伊達も買地安堵を出すことを別に拒まなかったことになりますね。

清水　ただ、「競望いたすべらかず」といっているところをみると、一般論として「家来の物はおれの物」みたいな発想をする主人もいた、ということですよね。

桜井　そんな論理も一方にあってね。そのどちらもありそうな二つの理屈のうち、主人の主張のほうを却ける。やはり書下が優先するんだと宣言しているわけですよ。102条も同じようなことではないですか。

102　一　地下人買《かい》地をいたし、書下《くだし》にその主《しゅう》人の名を載《の》するのうへは、其被官《ひくわん》たるの子《こ》、知行《ちぎやう》すべきのところに、余方《よかた》へ奉公《ほうこう》の子に書分《かきわけ》をなし譲《ゆづ》る事、これ有べからざるなり。

清水　最初に主人が窓口になって、地下人《じげにん》の買地安堵をもらったばあい、その影響力は子供の代までつづくのであって、子供がほかの主人に奉公したら、買地をその子に譲り分けてはいけない。代替りしても窓口になった主人の名前がある以上、ほかの主人に仕えた子供に所領を分散したりしてはいけない、というわけですね。

桜井　なるほど、わかりました。この地下人は、この主人の譜代の被官ではないね。父親は書下に載っている主人の被官かもしれないけど、息子はその主人の被官とはかぎらない。

清水　けれども、買地安堵をうけた時点での主人の名前が安堵状に載せられている以上は…。

桜井　引きつづき父親と同じ主人に仕える息子でなければ、譲ってはならない。

清水　このばあいは、買地安堵をした時点での主人が登記上は重要だということですね。

桜井　登記上という言い方をしていいと思いますね。買地安堵には身分的な側面があって、まったくの百姓層である地下人は、自分名義で買地安堵を申請できなかった。でも又被官まではできた。又被官よりも下になると、名義上は主人の名前で申請する。だけど102条のばあいは、書下と主従関係が齟齬《そご》しない方向をめざしていますね。

清水　そうですね。

桜井　又被官が話題になった103条は齟齬した例だね。主従関係と買地安堵が対立したときには、買地安堵を優先した。102条は買地安堵と主従関係を一致させる方針だね。この地下人は譜代ではないですよね。

清水　どうなんですかね。

桜井　息子の一人は譜代、一人は別の主人をとる。

清水　長男だけが継いで、次男が別の主人をとることは、あるかもしれないですね。

桜井　百姓の被官というのだから、わりと緩い被官関係だろうね。

清水　下人みたいに、つねについて歩くのではなくて、たまに軍事動員がかかると行かなきゃいけないような。

桜井　子供たち全員が別の主人をとることはありえないのかな。

桜井・清水　あるよね。

清水　百姓のばあい、むしろ積極的にいろいろな主人をとったほうが、生き残れるのではないですか。

桜井　書下を活かすためには、子供のうちの一人が親と同じ主人に仕える。

濱　親とちがう主人に仕えるばあいには、土地は分け与えるなといっているのですか。
清水　そういうことですね。
桜井　実例はあるのですか。
清水　百姓ではないけど、さっきの買地安堵状で「御代田の被官　なかさい」という書き方をしていますから、この「なかさい」が息子に土地を分け与えようとしたときに、次男坊が「御代田」以外の主人に仕えていたら、次男に分け与えるのはダメ。
桜井　なるほど。こういう形態の文書のことを指しているのかな。
清水　主人の名を載せるというのは、こういうことじゃないですか。
桜井　まさに、この形式の文書のことをいっているのかな。この安堵状があるのだから、御代田の被官ではない子供に土地を譲ってはダメということだね。
清水　ただ、102条は百姓のことだけを問題にしてますから、又被官である「なかさい」のケースは、ちがう主人に仕えた子供への土地分与は許されるのですかね。
桜井　103条の又被官のばあい、はたしてこの形式になるかどうかだね。ここでいう「直の書下」は、八四号文書とはちがって、主人の名前が出てこない安堵状かもしれない。101条も買地の話だね。

101　一　書下《かきくだし》をとる買《かい》地の事、名跡相続《さうぞく》の子《こ》、知行《ちぎやう》せしむる事、是非《ぜひ》にをよばず。然にその親《おや》、かの判《はん》の地を書分《かきわけ》いたし、末《すゑ》の子《こ》に譲《ゆづ》る事、親《おや》まかせたるべし。たゞし、嫡子《ちやくし》にても、末子《ばつし》にても、其者の名を判形に書《か》き載《の》せ候はゞ、書下《かきくだし》に載《の》る輩《ともがら》の知行《ちぎやう》たるべし。親《おや》の綺《いろい》あるべからざる也。

101条では主従関係ではなくて、親の権利と買地安堵のどちらが優先するかという話だね。親が登記上の充所《あてどころ》になっていれば、処分は自由。ただし、その子供の名義で買地安堵が出ているばあいには、その子供のものになる。親が関与できない。買地安堵が絶対化しているね。

清水　あくまで登記が大事なのですね。

桜井　強弱でいうと買地安堵がいちばん強くて、次が主人権なのかな。親権はわりと制約されているような順番になりますかね。

清水　主人権と親権の優劣はなにをもとにしているのですか。

桜井　102条の「主人の名を載するのうへは」というのが、ちょっと気になったのだけど、そこまではいえないかな。やっぱり主人権と親権の優劣は読みとれないか。

清水　そのふたつに対して、書下に名前があるなしが絶対的ですね。それを越えるものはない。

買った土地を守るための安堵状

桜井　98・99条も買地安堵だね。買地安堵だけちょっとみてみようか。

清水　僕が気になったのは97条です。

97一　年記に売《う》る所帯の事、たがいに証文をとりわたすといふとも、売手《うりて》にても買手《かいて》たりとも、罪科《ざいくわ》あるのときは、先例にまかせ闕所《けつしょ》の地たるべきなり。

文意は明瞭で、年季売りの土地に関して、互いに証文を交わしたとしても、売り手でも買い手でも、罪があったばあいには、先例に任せて、その土地を闕所(没収)にする、ということですよね。

ふつうは買い手が罪を犯したら、闕所にされるのが当たりまえですよね。ただ、このばあい、罪を犯したのは売り手なのに、その罪が買い手におよぶということは、買い手はたまらないですよ。

桜井　買ったあと、数年後に売り手が犯罪を犯しても、闕所になるんだね。むかし勝俣さんがよく言及されていた例ですよ。

清水　そうなのですか。これは年季売りだから、こういうことになるのですか。

桜井　いいや、一般に年季売りでなくて永代売りだって、そうなるのではないですか。

清水　つまり、売買した土地には本主権《ほんしゅけん》(元の持ち主の権利)が潜在していて、土地の持ち主は変わったとしても、元の持ち主が罪を犯すようなことが生じたばあいには、元の持ち主の影響がおよんで没収対象となる、ということですね。

桜井　勝俣さんがよく本主権の強さを説明されるときに、この事例を引かれていましたね。

濱　買ったほうは、丸損?

清水　うん。これは現代だったら、すごいことですよ。

桜井　売り手が闕所処分になると、犯罪を犯すまえに売った土地まで闕所になる。
清水　そんなことって、たまんないですよ。
桜井　勝俣さんは、それが徳政の発想なのだ、本主権なのだとね。
清水　僕が思ったのは、97条の次の条文もそうなのですけど、全般的に「塵芥集」は本主権をかなり認めていますよね。でもそうすると、その反対に買地安堵の効果、ありがたみが増しますよね。「塵芥集」の規定に、そういう高度な戦略はないいんですかね。
桜井　買地安堵は、そうした中世的な考え方を断ち切るシステムだね。どのくらい意図的にやっていたかはわからないけどね。
清水　一般論として、勝俣説のように97条から本主権が強いのだということを読みとるのではなくて、稙宗がそこまで考えたかはわかりませんけど、買地安堵政策をとる以上、「塵芥集」で本主権の強さを前提にしておいて、「それをやられたくなかったら、買地安堵をもらっとけ」という方向に仕向けていたとするとかなり効果的ですよ。そう考える余地はないですか。
桜井　そういう面もあるでしょうね。しかし、この買地安堵は、よくわからないけど、絶対にもらわなくてはいけないいんじゃないですか。
清水　どうなんでしょうね。
桜井　土地が動けば、当然、その土地の段銭負担者も変わるわけだから、段銭の負担者、納入責任者もかかわってくる。

文書認識のズレ

清水　ただ、めんどくさがって買地安堵をもらわないヤツがいたり、「知らないぞ」っていうヤツがいる話が98条に出てきますよね。

98 一　買得《ばいとく》の所帯、書下《くだし》をとり知行《ちぎやう》せしむるところに、くだんの所帯《しよたい》、要用《ようく》有によつて売地《うり》になす。しかるに売主罪科《うりぬしざいくわ》あるのとき、成敗を加《くわ》へ所帯等闕所《けつしよ》せしむ。科人《とがにん》の売地《うり》たるにより、同《おな》じく闕所《けつしよ》になる。然処《(しかるところ)》買主《かいぬし》、まへの所帯主《しよたいぬし》に書《か》き与《あた》ふる判形《はんぎやう》を用て、書下《くだし》の地なるよし訴訟《そせう》を企《くはだ》つ。なんぞ科人《とがにん》に与《あた》ふる判形相立《(あいたつ)》べけんや。かくのごとく心の私曲《しきよく》をかまふる輩《ともがら》、いまよりのち相やむべきものなり。

買った土地に関して、伊達家から書下をもらって知行していたのだけど、その問題の土地を必要が生じたのでだれかに売却した。そうしたところ、肝心の土地の書下をもらっていた売り主が罪科となって成敗を加えられ、闕所になってしまった。そうすると、さっきの97条の話だと、科人の売地だということで、新たに買った人物はなにも悪いことはしてないのに闕所になってしまう。

ところが買い主が、まえの持ち主で罪科になった人物のもらった書下を証拠に立てて、「書下の地だ」といって訴訟を企てる。なんで科人に与えた文書に効果があるだろうか。そんな心の曲がったヤツらの訴えは、今後はうけつけないぞ、というわけです。

この話だと、売却前にもらった買地安堵に関しては無効になる。だから、もし買った人物が自分の所有をしっかりと確認したかったら、買った人物の側でも新規に買地安堵をもらわなくてはいけないということですかね。

桜井　これはたぶん文書に対する認識のちがいだと思うよ。

清水　どういう意味ですか。

桜井　「書下の地」という言い方をしているでしょ。ある土地に関して、買地安堵を一回うけてしまえば、もうその土地は買地安堵をうけなくてもいいのだという発想が一方にある。伊達としては「かならず売買した土地は買地安堵をうけること」という命令をだす。そうすると、どこかの時点でその土地に関して一回買地安堵をうけてしまえば、その買地安堵状を相続できるんだと思ったのではないの。

清水　だから、めんどくさがって、土地の名義が変わったのに、改めて買地安堵を請求しなかった。

桜井　買地安堵をうけた土地は、闕所を免れるみたいな法令が出ていてね。そして、買うほうもこの土地は買地安堵をうけている土地だと安心して、売るほうも「この土地は買地安堵をうけているから大丈夫だよ」って売って安心していた。そうしたところ売り主が悪いことをしたために「闕所だ」っていわれて、「えっ、なんで。ここは買地安堵をうけている土地ですよ」と抗議する。

だから、買地安堵というのは、その土地にくっついているんだ、買地安堵を一度うけた土地は、二度と買地安堵をうけなくていいのだ、というのが買い主の発想だね。

清水　そう思う気持ちもわからなくはないですね。
桜井　僕はこの属地主義的な発想は、中世的だと思うよ。その土地の文書を相伝してしまえば、もう自分のものだとね。ところが、伊達としては、属人主義というか、持ち主が変わったら、いわゆる継目《つぎめ》の安堵というやつで、そのつど更新しなくてはいけないという理屈を立てているのだろうと思うのです。
清水　そういう人たちに対して、「心の私曲をかまふる輩」というのは、ものすごく邪まな人間であるかのような、きつい言い方ですね。今後は、まったくうけつけないということですよね。
桜井　僕はこの「なんぞ科人に与ふる判形相立つべけんや」という理屈は、ちがうのではないかと思ってね。買地安堵は、売買がおこなわれて、持ち主が変わるたびにもらわなくてはいけないというのがほんとうの理由で、ちょっと説明がめんどうになってこんな理由にしているように思うんだよ。
清水　「なんぞ」って、反語表現を使うところもすごいですね。
桜井　ふつうの条文なら、「科人に与ふる判形の故なり」だよ。
清水　そうですよね。ここで反語を使うのは、かなり自信があったからですかね。「そんなこと、できるわけがないだろう」といわんばかりですよ。
桜井　僕は「私曲」といわれるほど悪いこととは思えないね。なるほど買い主のような理屈も中世にはよくある話でね。
清水　それでいうと、買地安堵は、すべての土地売買を対象にしているわけではないのですね。人によっては「一回もらっているからいいや」と思ったりして。たぶん買地安堵をもらうのも無料ではないはずですよね。その手間がめんどくさくて、元の持ち主が処理してくれているから、いいんだと思っていた。ところが、いざ事がおきて「えっ、知らない」というトラブルがあったのではないですかね。

徳政への対抗

桜井　98条は、そういうことが背後にあったことが読みとれるわけだね。段銭負担者は元の持ち主が名義上そのままになっているかもしれないね。持ち主が変わって、買地安堵をうけることによって、その土地の移動も伊達が把握するわけでしょ。

「段銭古帳」の傍書に「落合豊前よりの買地」と書いてあるよね。これしかないのは気にはなるけれども、買地安堵をうけるときに、土地の移動と段銭負担者も同時に把握しようとした。もうひとつは、伊達の軍役体系がどうなっているのか、わかりますか。

清水　これが軍役の基準になっているという藤木久志さんの研究があります［藤木 一九六六］。

桜井　そうすると、土地を売ってしまえば、その家臣の軍役も減って、買い主の軍役が増えるわけだよ。それを考えると、買地安堵は絶対うけなくてはならないはずだよね。だから、買地安堵をうけないと、伊達としてはまだ売り主のものとして把握しているわけだから、段銭も軍役も売り主に賦課されるね。そのことを考えると、買地安堵はおのずからうけないとまずいような気がするんだけど。

清水　買地安堵は、そうとう早くからやっていますね。永正八年（一五一一）、稙宗二四歳のころからですけど、この段階ではきっと、それほど大それたことまで考えていませんね。むしろ、請求者側に闕所なり徳政なりからどうにか逃げなくてはいけないという切実な事情があって生まれてきたんでしょう。その後、稙宗は五一歳くらいになって検地と段銭帳の作成に着手するので、この三〇年間でじわじわと買地安堵のスタイルが浸透していったんでしょう。でも古い認識のままの当事者がいれば、こんなトラブルは当然おこりえますね。

桜井　買地安堵は伊達だけではないね。やはり徳政をまぬがれるためというのが目的ですか。

清水　一般的にはそういわれていますね。このばあいは、闕所に対してもかなり有効ですよ。

桜井　闕所もある意味徳政みたいなもんだからね。買地安堵というものが徳政への対抗手段として生まれてきたというのは、おそらく伊達にかぎらず、そのとおりなのだろうけど、段銭や軍役制度が整備されてくると、当然それらと連動せざるをえなくなります。たぶん伊達の歴史のなかで「塵芥集」が制定されたのは、段銭や軍役制度が整備されていく移行期なんだよね。清水君がいわれるとおり、買地安堵に対する認識もまだ定着していない時期で、だから98条のような買い主の主張が出てくるのでしょう。

清水　それに対して、稙宗がことさらに怒っている、苛立ちが感じられますね。「まだ、わからんのか！」ってね。（一同爆笑）

桜井　たしかにそうね。98条の最後のあたりは、ちょっと怒りすぎているところがあってね。たしかに稙宗の苛立ちを感じますよ。

清水　「まだわからない、バカがいる!」っていうね。

桜井　ここで「むて人」を使ってくれればいいんだけど、使ってくれないんだよね。理想的にはかならず買地安堵をうけさせたいという思いがあって、でもまだ徹底していなくてね。でしょうね、たぶん。

脇の甘い政策

清水　99条も似たような話になりますかね。

99一　書下《くだし》をとらざる買《かい》地の事。かの売主咎《うりぬしとが》あるのゆへ、闕所《けつしよ》の地となる。しかるに売手《うりて》召出《めしいだ》すのうへ、本領《ほんりやう》のよし申、訴訟《そせう》のとき返《かへ》し給《た》ぶに付ては、以前《いぜん》の買手《かいて》に返《かへ》し付らるべし。たとひ売手《うりて》の子孫《しそん》にあらずといふとも、其名代をあひ継《つ》ぎ候人躰ならば、売券《うりけん》の証文《せうもん》にまかせ、これを付与《あた》ふべきなり。但別人の恩賞《おんしやう》として充行《あてをこな》ふにいたつては、沙汰《さた》の限《かぎ》りにあらざるなり。

書下をもらっていない買地に関して、売り主に罪があったために、闕所になってしまう。これも97条でおきていた事態です。しかし、売り手が再度召し出されて、まえの罪を許されて復帰させてもらったために、「あの土地は私の本領だったんだ」といって訴訟をおこしたばあいは、土地は買い手に返してあげなさい。つまり、売り手の罪が許された瞬間に、闕所になっていた買地の売買契約が復活したということですかね。それで買い手のもとにもどる、という解釈でいいですか。

桜井　いいんじゃないですか。でも、これもおかしいな。書下をとらない買地も前提としているな。買地安堵をとっていないんだよね。

清水　99条は買った土地を買い主がきちんと登記していなかった。その結果、売り主の罪が波及して、罪のない買い主の土地まで闕所にされてしまうという、さっきのパターンですよ。

桜井　99条も売買のときに、書下をとってさえいれば、問題はなかった。だけど、買地安堵をうけていなかったがために、売り主の科によって買い主の土地も闕所になってしまった。そのあとで売り主が再出仕を許されて、「あの土地は私の本領だ」といって、その土地をもどされたのだけど、そのもどされた時点で過去の売買が復活して、買い手のほうに渡ってしまうわけね。だけど、ここでは、書下をとっていなかったことについては、なにもふれていないんだよね。

清水　なるほど。たしかに98条では買い主が書下をもらわなかったことに対して、かなり怒ってましたよね。「このバカ者！」って。（笑）

桜井　どうして98条の怒りが消えてしまったのか。買い手は買地安堵をうけていないのだから、ほんとうに買地安堵を徹底させようと思ったら、買い手に返さずに「闕所たるべし」という判断もありえたよね。それを98条であれほど怒っていたのに、99条で買い手に返してやるなんて、一転して甘いよね。一晩寝て翌朝読んでみたら、まずいと思ったのかね。ふつうなら消すけどね。

清水　思いつくままに書き足し、書き足ししていったんですかね。「科人に与えた書下がなんで生きるんだよ。そんな心のひね曲がってるヤツは、もう来るな！」って怒りが、朝起きたらおさまった。

桜井　でも、ほんとうの問題点は、そこにはないんだよ。買地安堵が土地にくっついているかどうかでね。

濱　買地安堵は、ほかの大名でもやっているのですか。

清水　東北だと蘆名氏もやっていますよ。蘆名は外題安堵《げだいあんど》の形式みたいです。売買証文の横に蘆名の当主が一筆書いている形式の文書は、けっこう残っているようです。外題はその関係性自体を追認する形式ですけど、伊達はそうではなくて、新規の文書を下し与えるかたちをとるんですね。地域の個性に応じて、買地安堵のスタイルはいろいろだったみたいです。ただ、98条みたいに地域のニーズと大名の企図が微妙にズレているというのは、おもしろいですね。

桜井　稙宗もきっと理解できていなかったと思うよ。稙宗の「塵芥集」は、やはり新しいんだね。無理しているね。買地安堵に関しては、「買地安堵をうけたんだから、もういいんじゃないの」というのがふつうでね。

清水　「書下をうけた人から俺は買ったんだ」って安心する。

桜井　そのほうが中世の慣習にあっているよ。「なんでダメなの」「買地安堵をとったら闕所されないっていったじゃないの」。

清水　それに対して「そんな心のひね曲がっているヤツは！」って、ものすごく感情的になって怒る。まったく噛みあっていませんね…。

名代と恩地は例外

桜井　「なんでダメなの」って素朴な疑問でしょう。99条に話をもどすけど、「たとひ売手の子孫」云々以下は、どうなっているんだっけ。

清水　売り手の罪が許されたわけだけど、年月を経て、すでに代替わりしてしまっているばあいの話ですね。許されて再出仕した人物が、もう売り手本人ではなくなってしまって、その子孫ですらなく、養子に入って名跡を継いだだけの人物だったばあい。復活した人物は直接に売り主と血のつながりはないのだけど、婿養子みたいなかたちでその名跡を継いでいるのだったならば、最初の売り主の売券が生きているということにして、これも買い手に返し与える。

桜井　名代《みょうだい》としては、土地を返さないという主張がありうるわけだね。「私は名代を継いだけれども、息子ではないから、過去の売買なんて知らない」という主張もありうるね。でも、名跡を継いだ以上は、過去の売買は成立していたものとみなす。ただし、その土地を別人の恩賞として充行《あておこな》ってしまっていたばあいは、過去の売買は無効になるわけだね。

清水　別人の恩賞は、売り主の闕所を実行するさいに検断をおこなった者などに充行われるのですかね。科人を成敗するさいの功労者に対して、恩賞として与えてしまったばあいは、それはもどることはない。

桜井　この売り手が名誉回復しても、この土地が売り手に返されるとはかぎらないわけだよね。売り手の罪が許されれば、闕所地も返されるのが原則だけど、すべてが返るのではなくて、失脚中に別のだれかに充行われているばあいもあるわけでしょ。

清水　闕所の時点で伊達の直轄領になって、ばあいによっては別の機会にだれかに恩賞として与えられてしまった、ってことだってありえますね。

桜井　そのばあい、売り主には替地として別な土地が与えられるかもしれないけど、問題の土地は別人に恩賞として与えられていて、買い主だけが損をする。「あの土地は、むかし、あの売り主から買った土地だから、おれのもんだ」という主張をするわけだよ。

清水　でも、売り手が復権したのだから、当然その売買契約も復活してしかるべきだという理屈は、恩地に関しては成り立たない、ということですね。

桜井　そう。闕所中に別人に充行ってしまったから、これは買い手のものにはならない、ということですね。そうすると、全体としては、書下・買地安堵をうけていない土地の存在を前提にしているわけだけどね。

清水　そうですね。買地安堵の話はこれくらいですかね。

桜井　100条はどうだろうね。これがまたやっかいな条文でね。しかし年季売り・本銭《ほんせん》返しの話は少し入り乱れているな。100条は買地安堵とはちがうよね。

清水　101条で買地安堵にもどるのだけど、100条は浮いていますよ。

桜井　100条はむしろ、97条のうしろあたりにあったほうがいいね。

清水　あるいは97条のまえに置かないとダメですよ。93条から96条のあたりに入れないと。

桜井　100条は場所が悪いね。

2 売買契約の機微にふれる
〜年季売りと本銭返しの実像〜

中世社会の土地売買には、現代人がイメージする売買に近い「永代売り」のほかに、期限付きで売却する「年季売《ねんきう》り」や、売却代金を返済すれば土地が返還される「本銭返《ほんせんがえ》し」などがあった。このような複雑な売買をめぐっては、当時もさまざまなトラブルがひきおこされていた。「塵芥集」のなかには、土地売買トラブルに関する規定も少なくない。ここでは、そうした条文から当時の土地売買の実態を復元するとともに、稙宗が一連のトラブル処理にどのような姿勢でのぞんだのか考えてみよう。

永代売り・年季売り・本銭返し

桜井　現代の「売り」は、売ったら永遠に買い手のものになるけど、中世は「売り」といっても、現代の「売り」とちがって、一定期間だけ売るというのがあって、それが「年季売り」と「本銭返し」ね。「年季売り」は、今年からたとえば三年間だけ売りますよという売り方。

現代の「売り」にあたるのは中世では「永代売り」といって、当時は「年季売り」などもあったから、「永代売り」といわなくては今日の「売り」のように完全に買い主のものにならない。「年季売り」は一定期間だけ買い主のものになって、その期間がすぎると、また売り主のもとに自動的にもどってくる。それに対し、「本銭返し」は、一定期間がすぎたときに、うけとった代金を返さないと、元の持ち主のもとにもどらない。だから、売買であるともいえるし、貸借であるともいえるわけです。とにかく、年季明けにお金を返さなくていいのが「年季売り」で、返さなくちゃならないのが「本銭返し」ね。わかりますかね。

濱　たとえば、僕がお金が欲しくなって、桜井さんに年季売りで土地を売ると、桜井さんはその代金を僕に払う。

桜井　そう、たとえば三年後、僕が払った代金を濱ちゃんが返さなくても、濱ちゃんのところに土地がもどるのが年季売り。

濱　桜井さんは、それでなにが得になるのですか。

桜井　永代売りよりも安いのでしょう。三年間だけ耕作して、そのあいだの収穫を僕がもらうのです。それが年季売りね。

本銭返しのときには、代金を払った僕が土地を買ったともいえるし、濱ちゃんが土地を担保にお金を借りたともいえるんだよ。これが売買と貸借の境界にあるといわれる所以《ゆえん》で、僕が土地が欲しいのではなくて、濱ちゃんがお金を借りたいのかもしれない。

濱　逆に土地が欲しいというケースもあるのですね。

桜井　そう、そのばあいは、年季売りは三年後に僕にお金を返さなくても濱ちゃんに土地はもどるのだけど、本銭返しはお金を僕に返さないと土地はもどらない。代価が銭でなく米なんかのばあいだと、本物返《ほんもつ》しというのね。

本銭返しも二種類あって、ここで問題になっているのは、100条の勝俣注にあるように「年季明請《ねんきあけうけ》戻 特約本銭返《もどしとくやくほんせんがえし》」だね。年季を決めて、たとえば三年後にお金を返すから土地を返してくれというのが「年季明請戻特約本銭返」。もうひとつは、古文書学で「無年季有合次第請戻特約本銭返《むねんきありあわせしだいうけもどしとくやくほんせんがえし》」とよんでいるのがあって、年季を定めずに、お金ができたらいつでも土地は返しますよ、というものだね。お金ができても一定期間はもどらないのが「年季明請戻特約本銭返」で、100条はこれを前提にしているようだね。

100 一 本銭返《せんがへし》、年紀《ねんき》地の事。売手《うりて》・買手《かいて》互《たがひ》に証文とりわたし、一方《ばう》の文失《ふみう》するのときは、一方《ばう》の証文《せうもん》をもつて、年記の限《かぎ》りを相済《す》ます事は傍例《ばうれゐ》なり。然に一方《ばう》の証文《せうもん》ばかりにて売《う》るのとき、かの証文失《う》するのうへ、買手《かいて》は本銭返《せんがへし》のよし申、売手《うりて》は平《ひら》年記のよし申、相論《さうろん》の時は証人《せうにん》まかせたるべし。もし又証人もなくば、買手《かいて》の損《そん》たるべきなり。もし以後して、証文見出《いだ》し候はゞ、其文言《もんごん》にまかせ知行《ちぎやう》を定《さだ》むべきなり。

100条では、本銭返しや年季売りの土地については、売り手・買い手が互いに証文をとって渡すのがふつうだとある。ふつうの永代売りでは、売り主が買い主に売券を渡すだけで、買い主から売り主には文書を渡さない。

売買証文をもつのは、売り手か買い手か

濱　買い主は、領収書みたいなものは出さないのですか。

桜井　出してもいいのだけど、永代売りのばあいは、売り主から買い主に売券を渡すだけで十分なんだよね。ところが、本銭返しや年紀地(年季売り)というのは、永代売りとちがって、売り主側が銭が欲しいのか、買い主側が土地が欲しいのかは微妙でしょ。だから永代売りとちがって、互いに証文をとりかわすことが多い。

清水　そういうことか。最近、村石正行さんが『中世の契約社会と文書』(思文閣出版、二〇一三年)というご本を出されていて、そのなかで「塵芥集」の100条をもとにして、「中世の売買においては、相互に証文が取り交わされていた」と説明されているのですけど、それはないですよね。

桜井　それはちがうね。そこが永代売りと年季売りや本銭返しとのちがいで、その取引がどちらの要請なのかだね。年季売りや本銭返しは、永代売りとちがって、どちらの要請なのかがかなり微妙なので、双方で証文をとりかわす必要が出てくるのでしょう。

清水　どちらかの要請が優越したばあいは、一方だけの証文になる可能性はありますか。

桜井　それはどうなのかな。そこが問題でね。本銭返しだと、土地の売り主＝金銭の借り主だよね。どちらのケースが多いかはそれ自体検討を要することだけど、本銭返しの本質が金銭の貸借のほうにあ

って、しかも、どちらか一方しか文書をつくらないとしたら、金銭の借り手から貸し手へ、つまり土地の売り主から買い主へ証文を渡すケースが多いのではないですか。

清水　ふつう売券というのは、そういうものですね。

桜井　貸借に近いのであれば、お金を借りたほうの文書が必須でしょう。つまり、土地を売る側だね。でも、たぶん、100条をみると、両方の文書があるのがふつうなのでしょう。両方あったほうがもちろん無難です。

それでいちおう、証文をとりかわすのだけど、一方の証文がなくなったときは、もう一方の残った証文にもとづいて、年季明けまでは買い主のほうが土地をもっている。そして年季売りであれば、年季が明けて自動的に土地は売り主のもとにもどり、本銭返しであれば、買い主に本銭を返して、土地が売り主にもどるのがふつうである。

ところが、「一方の証文ばかりにて売るのとき」とあるから、最初からお互いに証文をとりかわさないというケースもあるといっているんだね。

清水　やはり、どちらかが優越したばあい、一方だけに証文があるのでしょうね。

桜井　そうでしょうね。とりかわしていれば、両方なくなる可能性は低いのだけど、一方だけで取引をしてしまったとき、その唯一の証文がなくなったばあいは、文書がゼロになってしまう。そのときに、買い主は自分に有利な本銭返しを主張する。「本銭返しだから、本銭をもどさないと土地は返さないよ」という。売り主は「ただの年季売りだ」と主張する。

清水　売り主は、年季が明けたのだから自分のところにもどってくるのは当然で、対価を払う必要はないと主張する。

桜井　そうして相論になったときには「証人」任せである。この「証人」は「売買契約の保証人・立会人を指すと思われる」という勝俣注でいいんじゃないですか。もしまた「証人」もいないばあいには買い手の損とする。要するに年季売りだったと推定して処理する。そしてもし処理した後に紛失していた証文が発見されたら、その文言どおりにするという条文だね。問題は、買い手の損の理屈だよ。

清水　そうです。そこなんですよ。通常であれば、一方だけにしか証文がないばあい、どちらが証文をもっているかというと、もどってくる側である売り手のほうが証文をもっているわけですよね。だとすれば、このばあい、証文をなくした人は売り手ではないですか。

桜井　僕は買い手かなと思ったのですけど。ふつう永代売りであれば、買い手の手もとに証文があるね。永代売りではなくて、年季売りのばあい、一方の証文だけで取引するとき、売り手・買い手のどちらが証文をもっているかというと、売り手がもっているのかな？

清水　返してもらうときに証文が必要になるのは、売り手ではないのですか。もちろん、そのばあい、証文の内容は、「〇〇年経ったら土地は返しますよ」という買い手側の一筆ですよね。それは売り手がもっているものではないのかなと思ったのです。そして、その文書をなくしてしまえば、売り手は自業自得で返還請求権を失ってしまうということではないのですか。なのに「塵芥集」は「買手の損」にしてしまうというのが、僕にはどうにも解せなかったのです。桜井さんが買い手側が文書をもっているというのは、どういうことなのですか。

桜井　それは108条ともかかわるんだよ。どっちがもっていると考えたほうがいいのかね。もし年季売りで買い手が売り手に対して一方的に文書を発行するとしたら、どんな内容になりますか。

清水　「三年たったら、貴殿に土地をお返しいたします」。

桜井　お返ししますか。それで三年目、四年目になって、買い手が返さないときは？

清水　そのときこそ、売り手は手もとの証文を提示して「年季がすぎたのだから、おれのところに返してくれ」と主張するのではないですか。

桜井　そのとき買い手のもとに文書があったら、年季をすぎていることがわかってしまうので、買い手は提示できないですよね。じゃあ、逆に年季が明けていないのに、売り手が返せといったばあいは、どうなるの？

清水　う〜ん。そのばあいは、買い手側に証文がないと、年季が満たないのに売り手に土地を奪還されてしまう危険がありますね…。

桜井　年季売りで、売り手が買い手に一方的に文書を渡すとしたら、「何年間まではあなたが耕作してよい。その次の年から私に返してください」という文書を渡すのかな。

清水　そのばあい、たとえば三年の年季だったのに、売り手がまだ年季の明けていない二年で土地を返してくれといってきたら、その証文をタテにして買い手は「三年だとおまえは言ったじゃないか」といえるわけですね。

桜井　たぶん、両方あるからとりかわすんだよね。文書紛失者は売り手・買い手のどっちか？　売り手から買い手に文書を交付したばあいは、三年間、売り手はとりもどせないわけね。買い手は「ほら、三年だってあんた書いたじゃないか」と売り手に提示する。買い手が売り手に文書を与えるとしたら、「三年後に返します」。

清水　そうですよね。売り手にとって困るのは、三年以上所持されることですからね。買い手にとって困るのは、三年未満で売り手が返還をせまることが怖いわけですね。

桜井　もし、買い手が売り手に「三年後にもどします」という文書を出して、売り手から買い手に何の文書も与えられずに、その三年未満で売り手が土地をもどせといったばあいには、買い手には対抗手段がなくなるよね。

本銭返しの文書は残っているよね。本銭返しのばあい、やはり売り手は借り手だよね。

清水　だと思います。土地を担保にお金を借りるわけですよね。

桜井　そうすると、買い手のところに文書が渡るのではないの。借りる人が売り手だよね。土地を売って、お金を預かって、そして「三年後にお金を返しますから、土地を返して下さい」という文書を買い手に渡すわけだよね。貸借に近いのだったら、そのケースのほうが多いよね。やはり、文書を紛失するのは売り手ではなくて、買い手なんじゃないの。

清水　たしかにそうですね。そのばあい、買い手のほうが経済的に優位な立場にあるわけですね。

買い手が損をする理屈

桜井　買い手は債権者だよ。本銭返しだと売り手が債務者、買い手が債権者。ふつう貸借契約は債務者が債権者に文書を渡す。どちらか一方の一通しか文書を出さないとすれば、借り手から貸し手に文書を渡す。

清水　そうすることで、債権者は債務者から変な言いがかりをつけられて土地を奪還されずにすむわけですね。ただ、債務者からすれば、年紀地や本銭返し地なのに、債権者がいつまでもとぼけて土地の返還に応じなかったりする不安が、つねにありますよね。両者の力関係や土地と貸金のつりあいなどの問題もありますが、債権者の利益を優先するか、債務者の利益を優先するかは、ケースバイケースの部分もありますよね。

桜井　だから、互いに証文をとりかわすのが望ましいのだと思うのだけどね。一方の証文ばかりということは、買い手・売り手両方のばあいがありうるということか。

清水　そうじゃないのですか。だけど、とにかく「塵芥集」では最終的に判断が分かれたばあいには買い手が損をするようにできているということですよね。桜井さんがいうように、どちらか一方だけが文書をもっているばあい、それが一般的には買い手だとすれば、自分の過失で文書をなくしたのだから、買い手が損をしても仕方がないということになりますかね。けど、売り手だけが文書をもっていて、売り手の過失で文書を紛失したばあいでも、「買手の損」になるのだとしたら、やはり売り手が優遇されていることになりますよね。

じつは、土佐の「長宗我部氏掟書《ちょうそかべしおきてがき》」45条にも同じような規定があるんですよ。「歴然《れきぜん》の永地《ながち》たりといえども、証文これなくんば本物《ほんもつ》たるべし。本物たりといえども、証文これなくんば、年毛《ねんもう》たるべし。右は先規より相定《あいさだ》むるなり」。つまり、永代売りであったとしても証文がなければ本物返しとして処理する、本物返しだったとしても証文がなければ年季売りとして処理する、というわけです。僕は、この「塵芥集」にも「長宗我部」にも、本主権の強さが影響を与えているのではないか、と思ったのですが。

桜井　そうね。しかし、本主権の問題でいくのかどうかだな。買い手はその土地からその期間中の収益はあるんだよね。だから、もし本銭返し契約だったのに、年季売りにされても、三年間、収穫を得た分だけ被害は少ない。だから本主権というよりも、むしろ痛手の少なさという点で、元本を多少は回収しているという理由で、調停者的な判断で売り主有利とする。そんな説明もできるんじゃないかな。

清水　なるほど。それなら、もうひとつ、まったく別の説明として、こんなのもありませんか。一般的に売買は、本銭返しと年季売りだったら、年季売りが一般的であって、本銭返し売買は一般的ではないという通念が当時あった？　だから、こうしたシチュエーションでもめているばあい、ふつうは年季売りだったといっている売り手のほうに信憑性がある、なんて？

桜井　それはなんとも答えようがないね。年季売りは、ほとんど文書は残らないでしょう。本銭返しは流れてしまえば、文書が残るでしょ。でも年季売りで土地が買い手に流れることはありえないよね。本銭返しは流れることがありうるので、現在までかなりの文書は残るけど、年季売り売券は皆無。だからといって、どっちが多かったともいえないけどね。僕は、買い手は年季売りであっても多少の利益は回収しているから、このあたりは調停者・仲裁者的な判断なのだろうかと思ったのね。

清水　ダメージが少ないほうに泣いてもらう、というわけですか。

桜井　108条は、109条とどうからむのかな。

109　一　所帯質《しょたいしち》の事、置手《をきて》請返《うけかへ》すべきのよし申、代物をあひたて候ところに、取手《とりて》かの所帯《しょたい》に望《のぞ》みをかけ、とかくあひ述《の〔延〕》ぶるにいたつては、取手《とりて》の咎《とが》たるべし。たゞし請返《うけかへ》し候はんよし申届《とゞ》くるの儀《ぎ》支証《しせう》なくば、置手《をきて》の越度《をつと》たるべきなり。

債務者の置き手がお金を用意できていて、土地をとりもどす準備があるのに、収穫のあるよい田んぼだったのか理屈をこねて、債権者の取り手が土地を返さないときには、債権者の咎である。ただし、お金が用意できたから返せるといった証拠がなければ、債務者側の越度になる。これはそんなにおもしろくないかな。

清水　「支証がない」というのは、どんなばあいですかね。お金が用立てられていないという証拠ですか。

桜井　この「取手の咎」と「置手の越度」も具体的にどうなるかも、よくわからないね。

超レアなケースで

桜井　それはともかく、108条がさっきの問題とからんでね。これまた、よくわからないんだよね。

108　一　月日を限《かぎ》り、質《しち》にをき候所帯流《なが》るゝのとき、かの所帯《しよたい》を年紀《ねんき》に売《う》り、借銭《しやくせん》を済《す》まし、質《しち》の文《ふみ》とり返《かへ》さず、自然《しぜん》に過《す》ごしきたるところに、代貸《しろか》し候人躰死去《にんたいしきよ》してのち、一人の子は質《しち》にとり流《なが》すの文《ふみ》をもつ。一人の子は年紀《ねんき》の文《ふみ》をもち、二人互《たがひ》に譲《ゆづ》り得《え》たるのよし、問答《もんどう》にをよぶ。質《しち》の文《ふみ》・年紀《ねんき》の文《ふみ》、相論決《そうろんけつ》し難《がた》きに付ては、証人《せうにん》まかせたるべし。証人《せうにん》なくば、二の文《ふみ》をひきあはせ、文言《もんごん》の是非により其沙汰有べき也。

「かの所帯を年紀に売り」の勝俣注で、「質入れした同一人に年季売(本銭返)で売った」とあって、これは債務者が期限までに借金を返さなかったので、担保の土地が債権者側に流れたときに、勝俣注のとおりだとしたら、その債権者が質流れした土地を、同じ債務者に年季売りで売ったことになる。

清水　そういう意味なのですか。

桜井　勝俣注はそうじゃないのかな。勝俣注が正しいかどうかは疑問ですよ。

清水　そんなことがあるのですか。

桜井　疑問というのは、逆ではないかという疑問でね。そこもまたね。流れたら終わりなんだよね。流れてしまったら、債権者のものになって、その債権者のものになった土地を債権者が債務者に年季売りする？

清水　ん？　それで読むとどうなります。

桜井　それでうまくは説明できないんだよ。本銭返しで借金を返せなかったヤツに年季売りしても全然「借銭を済ま」せられないでしょ。というか、そもそもお金がないんだから買えないよね。

清水　勝俣注はちがうのではないですか。

桜井　そうでしょ。勝俣注はおかしくてね。かといって、逆に債務者が債権者に年季で売ると考えたばあいにも、流れてしまったらダメなんだよ。

清水　質に入れるのと年季に売るのは、ちがうのかな。

桜井　もう少しで流れそうなときに、「すいませんが、いまから一〇年間、あなたに年季売りさせてください」と。「そのかわり代金は、私にくれなくていいから、私があなたに対してつくった借銭で相殺してください」といってね。だから年季売りの代金で借金を清算してもらって、一〇年間は債権者に渡しておいて、それで債務をすませて、その流れそうな質をとりもどす。それならいちおう「かの所帯を年紀に売り、借銭を済まし」という状況にはなる。

清水　それでいいんじゃないですか。ただ、そのときに悲劇なのは、「質の文」をとり返さなかったために、それが生きてしまった。

桜井　年季売りの売券も債権者の手もとにあって、ふつうその年季売りで借銭すませたときに、質券もとりもどさなくてはいけないのに、とりもどしていないというケースで、年季売り売券と質券が債権者のもとにあるというのは想像しにくいんだよね。とりもどさなくちゃいけない大事な借金証文をとりもどしていないというケースだね。

とにかく、借金は返したのだけど、肝心の質券は債権者のもとに置きっぱなしになっていて、無為にすごしていたところに、その債権者が死んで代替わりになって、置きっぱなしになっていたふたつの文書のうち、債権者の一人の子は流し文をもつ。でも流し文というからには、流れてしまっているんだよね。流れてしまったら、いまの話は成り立たないよ。

清水　「質の文」というのには、「返済できなければ、質を流してもかまいません」という趣旨のことが書かれているのではないですか。だから、事実上は質券なんじゃないですか。「質を流してもかまわない」という誓約。

桜井　去《さ》り文ではないのね。流し文ではないのね。それでいいって清水君がいうのだったら、それでいいです。それじゃ、一人は質券をもって、もう一人は年季売り売券をもって、二人の子供が問答におよんだばあいに、相論が決しがたいときには証人任せ。これもおかしなことだな。

だってさ。おかしいよね。「借銭を済まし」というんだから、債務者の債務は消えているわけでしょ。債務者は所帯をとりもどしたんだよね。でも、おかしいな。二人の子が争っているんだよね。やっぱりこの土地は、流れて債権者側にいってなくちゃダメだな。だって、この土地が流れていないと、債権者の二人の子供が争うことはないよね。やっぱり、流れているんだよ。これはわからんね。

清水　すごくむずかしいですね。

桜井　債権者側に土地が流れていなくてはダメなんだよ。

清水　本来は質入れで、「いついつまでに払えなかったら、流してくれてかまいません」という一筆を債務者が入れて、流れる段になって、それを年季売りに切りかえたのですかね。そのときに、本来だったら質券をとり返さなくてはいけないのだけど、ボ〜っとしていてとり返さなかったために、年季売りの売券と流してもよいという質券のふたつが債権者側に残ってしまった。そして当事者が死んだあとに、遺族がふたつの証文があるので、一人の子は質券をタテにして所有権を主張して、もう一人の子は年季売りだといって争いになる。

桜井　結局、ヘマをしでかした債務者は、土地を失ったわけ？

清水　そうじゃないですか。年季売りになってしまったのではないですか。年季売りになったのだけど、その権利が質券と年季売り売券というかたちで債権者に渡った。

争いになったときに、証人がいなかったときは「文言の是非」というのは、どういうことだろう？日付の前後なのですかね。93条だとたしかそうですよね。

93一　所帯両売《しょたいりやううり》の事、先判《せんばん》に付べし。売手《うりて》の咎《とが》の事は時宜によるべし。

これはひとつの物件をだまして二人に売ったケースですね。そのばあい、最初の契約を有効とするというわけです。108条も同じなんだけど、質に入れたあとで年季売りにしたわけだから、質券の日付のほうが時間的に先になるのは当たりまえですね。それではおかしいので、「先判」「後判」にはよらずに「文言の是非」で考える、ということかな。

桜井　108条の話で年季売りの売券は、有期だよね。だから文書としては、期限がすぎたら価値がないよね。年季売り売券をもっていても、その期限がすぎてしまえば、紙屑のはずだけど、それを所有権の傍証としているのかな。でもダメだよね。

清水　勝俣注は、「一人の子は期限の過ぎた質入証文をもち、もう一人の子は同じく期限の切れた年紀売証文をもち、その土地の所有権を主張する」とありますね。どちらもダメだろうと思いますけど。

桜井　質入れのほうはいいんじゃない。

清水　そうか。質入れは流れてしまえば、所有権は主張できますからね。じゃあ、問題は年季のほうですね。

桜井　このばあい、むしろ日付があとのほうが、そのあとにこんな契約があったのだから、まえの質券は無効だと主張できる。より新しい文書は私の手もとにあるのだから、私の兄がもっているものは、じつは事故でたまたま残っただけだと。

清水　期限の切れた年季売り売券にしいて意義をみいだすとするならば、自分の所有権の根拠にはならないけど、相手方の所有権を否定する材料にはなりますかね。

桜井　とにかく、これはむずかしいでしょ。

清水　これも絶対に実際にあったケースですよね。こんな訴訟がきっと稙宗のもとにもちこまれたんですよ。
桜井　こんな特殊な例は二度とおきないよね。（一同爆笑）　二重の偶然がないと。債務者が肝心の文書をとりもどし損ねることがひとつ。
清水　そして、その債権者が死んでしまうという偶然が重なる。いや、三重ですよ。さらに、その文書がそれぞれ別の子供に渡るのだから。もう天文学的な確率ですよ、こんなこと。（笑）
桜井　ほんとうに年季売り、本銭返しはむずかしいよ。
清水　まだまだ、わからないことがいっぱいあるんですね。
桜井　どちらからどちらへ文書がいくかということは、たしかに両方のケースがあるんだよね。ほんとうは両方つくられるべきでね。年季売り売券を清水君はみたことある？　僕はないね。もしかしたら一通くらい残っているかもしれないけど、理屈のうえでは残らない。
清水　破棄の印に×がしてあるのはよくありますよね。債務者がとりもどして破棄してもいいのだけど、×をつけてそのまま所持してしまったのはあるんじゃないですか。
桜井　もし年季売り売券が残るとしたら、そんなケースしかありえないね。
清水　たしかに、そのまま債権者のもとに残っていたらおかしいですね。
桜井　本銭返しの文書はけっこうあるけどね。これも「塵芥集」ならではの具体的なところでね。あまり本銭返し、年季売りの機微に入るような史料はないでしょ。
清水　ただ、一般論としてのあり方を探ろうとすると、いろいろむずかしいですね。稙宗がねらっていた理想的な姿が当時の常識に適合しているのか、それとも植宗が異常な判断をしているのか。ちょっとわかりかねますね。なんで、「買手の損」という判断をするのか、も含めて。

桜井　植宗に好意的といわれるかもしれないけど、100条の買い主の損という理屈は、植宗が調停者的であって、まちがっていたとしても、もっとも被害の少ないほうに泣いてもらうという判断だろうと思ってね。

清水　桜井さん、今度は一転して植宗擁護派ですね。（笑）対談としては、植宗に好意的な人と、そうでない人の二人がいて、歴史の審判としてはひじょうにバランスがとれていますかね。このあたりで昼飯にしましょうか。

3　下人の身売り　～ループする下層民の生きざま～

侍や百姓の下で、中世社会を支えた存在に「下人《げにん》」がある。人身売買が公然とおこなわれていた中世社会で、彼らは戦乱や飢饉《ききん》などを契機に下人に身を落とした存在であった。下人のなかには家族を構成する者もあったが、一般的には侍や百姓の下で家内奴隷としての労働をしいられ、ときには主人の意向で転売されてしまうことすらあった。しかし、そんな彼らも現状からの脱出を試みて、さまざまな方策を講じている。彼らの生活実態や解放までの道筋はなかなか一般的な史料からはうかがえないが、「塵芥集」からは、そうした下人の苦境と独立への奮闘が浮かびあがってくる。

人身売買は合法か非合法か

清水　土地売買とともに、人身売買の問題もややこしいですね。

67一　身売《うり》の事、盗人《ぬす》の罪科《ざいくわ》たるべし。然《しかる》に買手《かいて》、くだんの身売由来《うりゆらい》なきのゆへに、逃盗《にげぬすみ》の事、判者《はんじや》を立《た》て、買《か》ふのときに、かの身売逃《うりに》げ失《う》するとき、判者《はんじや》の事は申《もうす》にをよばず、宿《やど》いたし候もの、共に罪科《ざいくわ》たるべき也。

まずひとつわからないのは、冒頭で「身売りの事、盗人の罪科たるべし」と、人身売買は禁止だ、というようなことを書いてあるのだけど、「塵芥集」にはあきらかに人身売買の存在を前提にしている条文がいくつもあって、人身売買を伊達領国で禁止しているとはとても思えない。勝俣注でも、このばあいの「身売り」というのは、人身売買一般ではなく、下人がすでに身売りされているくせに、さらに二重に自分の身を売ってしまうことである、と理解しているのです。

桜井　二重の売りというか、下人というのは、自分の身も他人のものだから、自分を売るということは、他人のものを売っていることになるんだね。

清水　だから盗人だと。それは何ですかね。

桜井　ちがうのですか。

清水　小林宏さんは、ここの趣旨は下人ではない百姓身分が転落することを禁止しているものだ、と理解されているようですね［小林宏 一九七〇：三九四頁］。その可能性はないですか。

桜井　それがなんで盗人の罪科になるのですか。

清水　63条から75条は、みんな盗人に準ずる罪科を規定した条文だから、罪名としては直接的な盗人ではないけど、そんな言い方をしているのかなと。

桜井　百姓の身売りが盗人の罪科というのは、わからないな。百姓保護政策、百姓屋存続政策ね。やはり、下人が自分自身を売ることと考えたほうがいいと思うな。勝俣注の読みが自然だと思うのだけど、どうだろうね。

清水　そうですかね。百姓の転落は、最初の一文が苦しいと思うのだけどね。

濱　67条が下人のことなら、なんで下人と一言もふれないで、「身売の事」と書きはじめたのかな。

清水　そうなんですよね。そこがちょっと説明不足なんです。

桜井　身売りねぇ。

濱　67条の冒頭では、下人が自分の身を売ることは罪科だといっているわけですか。

桜井　自由民ならいいんだよ。

濱　自由民は身を売ってもいいのですか。

清水　中世国家は「徳政」や撫民政策として、しばしば人身売買を禁止する法を発令しますね。僕は当初、稙宗はそれを気どったのかなと思ったのです。でも、中世国家の建前は人身売買は禁止なんですが、あくまでそれは建前であって、現実には身売りはおこなわれているんですよ。

「逃盗」とはなにか?

清水　その先を読んでみましょうか。まず、買い手がその身売りが「逃盗」ではないかと疑う。つまり勝俣注の解釈だとすると、前の主人のもとから逃亡してきた下人ではないかという危惧ですかね。それを疑って、証人を立てたうえで、まっとうな身売りだと思って買ったのだけれど、その下人がまた逃げてしまった。そうなったばあいには、その証人のことはいうにおよばず、逃げた下人を宿泊させていた宿に対しても処罰する、ということでいいのですかね。

ここでもひっかかるのは、「逃盗」という言葉なんですよね。前の主人のもとから逃亡することを「盗む」と表現しているのは、やっぱり前の主人が支払った人身売買の対価を結果的に踏み倒してしまうことを「盗む」と表現しているんですかね。僕は前の主人との関係ではなくて、新たに身売りをした人が主人から対価をもらったくせに、ろくに働きもせずにすぐ逃げてしまうことを「逃盗」といっているのではないかなと思ったのです。それが怖いので、素性を確認するために証人を立てたのだけれど、それでもお金だけもらって逃げるヤツがいる、という読み方なのですが。桜井さんは「逃盗」というのは、どう解釈します？

桜井　基本的に勝俣注でいいのかな。「彼はだれかの下人ではなくて、自由民なんだけど、食えなくなったから、下人になるしかないんだよ。だから買っても大丈夫だよ。」というのが判者ではないのですか。要するに逃亡下人ではないことを証明するのが判者なのでしょう。だから、「逃盗」は勝俣注でいいのではないのかな。

清水　その後の「かの身売逃げ失するとき」というのは、逃亡下人がさらにまた、その新しい主人のもとからも逃亡してしまうということですか。

桜井　お金をうけとってね。ということではないのですか。

清水　そうすると、判者は、逃げる以前に「この人の素性はたしかだ」といって、ほんとうは逃亡下人なのに、その人の素性についてウソをついたわけですよね。それだと、二度目の逃亡をする以前に、最初から判者はアウトのような気がするのです。いや、待てよ…。「判者の事は申すにをよばず」だから、その二度目の逃亡の時点では判者の罪はいうまでもない。最初から判者に罪があるのは大前提なのか。「逃亡下人を斡旋した時点で判者のやっていることは違法である。そのうえ二度目の逃亡を幇助《ほうじょ》した宿についても罪がある」。やっぱりそう読むのかな。あぁ、それなら理解できます。

桜井　判者って、なんだろうね。

清水　保証人として、一筆据える人ではないですか。

桜井　それだったら、判者もいっしょに逃げるよね。

清水　そうですね。そもそも逃亡下人が保証人を用意するというのは、現実にはかなりむずかしいはずですよね。

桜井　判者もだましているのかね。下人のことは67条から69条までか。

手継を引く

清水　次の69条をみてみますか。長いですが、そんなにむずかしそうではないですね。

69一　譜代《ふだい》の下人、或《あるい》は逃《に》げ走《はし》り、或《あるい》は人に勾《かど》引はれ、売《う》られ、ものゆくまゝに、自然本国《しぜんほんごく》に買《か》い留《と》められ、人に召使《めしつか》はるゝのとき、本《ほん》の主《しゅう》人、彼《かれ》はすでに科人《とがにん》たり。しかるに召使《めしつか》はるゝ事、盗《ぬす》人のよし申懸《かか》くる。いま召使《めしつか》ふところの主人《しうにん》、かのものは、某《なにがし》の方《かた》より白《しろ》く買《か》いとるのよし、手継《てつぎ》を引《ひ》く。白黒《しろくろ》いまだ定《さだ》まらず、とかくの問答《もんだう》に月日を移《うつ》すのうへ、かの下人《げにん》なすところの罪《つみ》をおそれ、重《かさ》ねて逃《に》げ失《う》するのとき、まへに手継《てつぎ》を引《ひ》き候売手《うりて》、売《う》らざるよし問答《もんだう》にをよぶ。相互《たがい》に支証《しせう》まかせたるべし。もし支証《しせう》なく、相論決《さうろんけつ》しがたきに付ては、いま買《か》い留《と》めぬる人の越度《をつと》たるべし。盗人《ぬすびと》同罪《どうざい》たるべき也。

譜代で仕えていた下人があるいは逃げたり、あるいはだれかにだまされて売られてしまって、売られ売られて、また伊達の領国で買いとめられてもどってきた。そうしたときに、元の主人が「あいつは、おれのところで働いていた下人だ。それが逃げたわけだから科人だ」といって、「もともとおれの所有物だった人間を召し使っているおまえは、泥棒だろう」と言いがかりをつける。

ところが、いま召し使っている主人は、「あいつは、ある人からまっとうに買いとったものだ」と「手継を引く」。この「手継を引く」という言葉は、前の購入者を特定することです。そうしたところ、お互いの意見が平行線になって、時間が経過しているあいだに、下人が後ろめたいところがあったので、その新しい主人のもとから逃げてしまった。というときに、新しい主人は前に売ってくれたある人を「手継を引き」指定していたのだけど、そいつは「いや、おれは知らないよ。売った覚えなんてないよ」と言いだしてしまった。

そうなると、どうなるか。もちろん、まずは物証にもとづいて処理する。しかし、物証がなくて、なおかつ白黒がわからないばあいは、新しい主人側の越度である。なぜならば、盗人とやったことは同じだからだ。

このばあい、新しい主人は手継を引いて、ある人物から正当に購入したのだといったけれど、その人が知らないといってしまったのが悲劇です。この状況のなかで、いちばん証人として確実なのは、当の下人です。下人の口から「わたしは、誰彼からこの人に売られたのです」といえば問題ないのだけれど、その肝心の下人がまた係争中に逃げてしまった。そうなると、もう証拠がないので、元の主人の権利を認めて、新規に下人を買った人の罪になるということです。この読み方でいいですか。

桜井　そうでしょうね。

清水　訴えられた時点で、下人をよく縛っておいておけばよかったのに、逃げられてしまったので、面倒なことになっていますね。（笑）　これもなにか具体的な事案があったとしか思えない、妙に具体的でこみいった内容です。

桜井　下人は結局、どうあがいても下人なんですかね。

清水　さっきの話といい、下人は逃げても、また結局よその下人になるんですよね。

桜井　69条はほかに考えることがありますかね。「手継」はおもしろいね。

清水　下人にかぎらず、売買したものが盗品だったとわかったときには、中世では、かならずだれから買ったのかが問われますよね。

桜井　生口とはちがうのだけども、正しく入手したのであれば、売り主をいえと。その売り主にあたるのが手継になるわけね。

清水　稙宗が「塵芥集」の三年前に定めた「蔵方之掟《くらかたのおきて》」だと、「蔵方」に属している土倉《どそう》は手継を引く必要はないみたいです。その7条をみると、「偸物《とうもつ》を取《と》るといえども、咎《とが》になるまじきこと」とあって、伊達家に倉役をはたしている土倉連中に関しては、もし盗品を商品として扱ったとしても、それは不問にふす。だから、手継を引く必要はないですね。彼らはこの特権のおかげで安心して商売に励めるわけです。

桜井　盗品と土倉は、鎌倉幕府の追加法に出てこなかった？

清水　ありますね。土倉側は「世間の通例」であると称して、盗品であっても質入れした人物は明かさないんですね(追加法三〇五条)。いまでも質屋はだれが手放した物かはいわないでしょう。

桜井　逆のケースで、土倉を捜索する話はなかった？

清水　あります、あります。室町殿から刀が盗まれたときの話とかですよね。

桜井　『看聞日記《かんもんにっき》』だったかな。まず、盗品を質入れするだろうと見越して、まっさきに探すのが土倉なんだよね(『看聞日記』永享四年五月九日条)。

清水　たしか内裏《だいり》で硯《すずり》が盗まれたときも、土倉から盗品があげられて、犯人が捕まっていますね(『建内記《けんないき》』嘉吉《かきつ》元年四月二日条)。さっきの鎌倉幕府法でも、土倉が「世間の通例」などといって捜査協力しないのは、けしからんといっています。中世でも信用取引の論理に立脚している土倉側は、前の持ち主はいわないというのに対して、いや、徹底的にさかのぼって「前の持ち主がだれかをいえ」という幕府側の検断の論理が拮抗しているみたいですね。

桜井　なかなかおもしろいよね。69条にもどると、手継はよく出てくるね。「白黒」もいまの使い方と同じでおもしろいね。でもこれは、売った手継が「売っていない」とウソをついているかもしれないよね。でも、売ったのだけど、自分に咎がおよぶので売っていないとしらばっくれてしまうこともありえてね。でも、最終的に下人を買いとどめた人の越度になってしまう。盗人同罪も結果であってね。条文は長いけれども、難所はあまりない感じですかね。

それで下人は、つねに下人なのかという問題だね。

下人は身の代を払っても下人になる

清水　下人という立場がどうものちのちまで尾を引くのではないか、と思ったのは147条です。

147 一　下部《しもべ》の男《おとこ》・女《をんな》、身の代《しろ》をたつべきのよし申、主人納得《しうにんなつとく》せざるのうへ、身《み》の代《しろ》たてたりといふとも、被官《ひくはん》に召使《めしつか》はれべきよし、深《ふか》く望《のぞ》みをなすによつて、主人《しうにん》身の代《しろ》をとる。然処、彼下人余《よ》の主《しう》をとる事あり。本主人《ほんしうにん》の方《かた》へ急《いそ》ぎ返《かへ》すべき也。又夫《おつと》の事は、本主《ほんしう》人に返《かへ》すといへども、妻子《さいし》の事は返《かへ》すまじきよし、深《ふか》く拘《かゝ》へとゞむ。その謂《いはれ》なきものなり。その夫《おつと》・親《おや》に付て出《い》づるのうへは、罷《まか》り帰《かへ》りのときも、夫《をつと》に付返《（つけかえす）》べきなり。

下人の男女が自分の身売り額相当のお金を用立てたので、「この金を払うので、下人身分から解放してほしい」と主人にいった。ところが主人は、もう少しこき使いたいという思いがあって、金を払ったから下人身分からは解放してあげるけど、俺の被官になれといって、引きつづきこき使う。きっと「被官」は「下人」より少し上の地位なのでしょうね。そこで、主人は代金をうけとる。ところが、そうなったときに、その下人がほかの人と主従関係を結んでしまうことがある。そういうばあいは、やはり元の主人のもとに下人は返すべきである。

また、夫は元の主人に返したけど、妻子は自分のところに帰属するのだといって、新しい主人が妻子だけを自分のところに置こうとするのだけど、それも主張としては正当性がない。その夫・親に妻と子供は付属するわけだから、元の主人のもとに帰るときは、いっしょに妻も子供も返すべきだ、ということですね。

　この例だと、債務をはたして身分解放されても、なお元の主人との関係が切れないのですかね。

桜井　なるほどね。たぶん、被官のほうが下人よりは上だよね。

清水　そうですね。だから下人でなければ、ばあいによっては、彼は主従関係を解約して、新しい主人をとることだって、できるはずなんですけどね。

桜井　被官に召し使われることを深く望むのは、どっちですか。主人側か下人側か。

清水　僕は主人だと思ったのですけど。下人のほうですか。

桜井　「これで下人の身分から解放されますが、ぜひ、引きつづき被官として使ってください」と読めないかな。「じゃあ、わかったよ」と主人がいう。

清水　なるほど。それで主人は「じゃあ、うけとろうか」といって、下人に去り状（権利放棄の証書）みたいなものを一筆書いてあげるのですかね。あるいは下人の売券（人身売買証文）を返してあげる。それなのに、その下人が裏切って、よその主人をとる。そういう話になってくると立派な詐欺ですね。

桜井　その読み方のほうがいいんじゃないの。

清水　そうか。

桜井　主人を納得させるために、下人は「お金は渡しますけど、引きつづき私とご主人様の関係はいままでとあまり変わりませんよ」とね。

清水　丸めこんで、ほかの主人をとる。

桜井　147条後半の「余の主を取る」ときは、その下人は「余の主」の何になるのかな。また下人になるのかな、被官になるのかな。

清水　被官じゃないですか。また下人になるのですか。

桜井　もう自由民になったので、別に身売りしてもいいんだよね。

清水　そうか。彼がまた下人として身売りしたというのなら、新しい主人には、その妻子に対する所有権も発生するな。ただ被官―主人関係のような主従関係だったら、新しい主人が妻子まで拘束するのは、おかしいですもんね。でも、だとすると、この下人はなんで自由民になったのに、またわざわざ下人になったのだろう？　よっぽどお金が欲しかったのですかね。

桜井　「本主人の方へ急ぎ返す」のは、いまの主人だよね。
清水　そうです。
桜井　いまの主人からすると、「本人までは返すけど妻子までは返さないよ」だから、その下人本人でなくて、いまの主人に対する法令ですよ。これはやはりみずから好んでというのか、身売りするとかなりのお金が入るんだよね。ちがうのかな。好んで奴隷になるのではないのかな。どうなんだろうな。
清水　被官関係だったら、金は発生しないですよね。
桜井　金欲しさに自分と妻子を売るのではないのかな。
清水　せっかく身の代をコツコツ貯めて、前の主人から自由になったのに。この人は、前の主人の許しをえて、いちどは被官になれたのですよね。それなのに、また別の主人の下人になる道を選んでしまう。最初に読んだ、逃げてきてはまた別人に身売りしてしまう69条の下人のことをあわせて考えると、こんなケースはありそうですね。
桜井　69条にしても、どの国に流れ流れても結局、下人なんだよね。なんだろうね。

下人は特別に引き立てられても下人

清水　149条はどうですか。

149　一　子細《しさい》あつて、下人をひきあげ、近習《きんじゅ》のものに召使《めしつか》ふところに、其子どもまち〳〵の主《しゅう》をとる。謂《いはれ》なきものなり。根本の道理《だうり》にまかせ、数多《あまた》ありとも、ことごとく本主人《しうにん》のまゝたるべきなり。

同じパターンですよね。下人から正規の近習という地位にステップアップした。そこで、その下人の子供も自由民になれたのだけど、まちまちに主人をとるのはダメだ。根本の道理に任せて、いくら子供がいたとしても、すべて元の主人のものである。このばあいは、元の主人の権利の強さ、本主権みたいなものをあらわしていませんか。147条はいわれてみれば詐欺罪の感じがありますけど、149条はステップアップして下人の身を離れたとしても、子供に対してなにか潜在的な旧主人の力がおよぶみたいな。

桜井　ここは譜代だね。本主権というより、譜代なのでしょう。先祖代々ずっとその家に仕えてきた下人なんじゃないですか。下人から近習は、格別のとりたてだよ。たぶん、そうなのでしょう。

清水　ここでは、身の代を払っていないのですかね。

桜井　「ひきあげ」というのだから、気に入ったから近習に召し使ったのでしょう。解放はされているけど、現金で解放されたわけではなくて、特別の計らいで近習になったのではないの。

清水　身分的には、下人を引きずってしまうわけですか。

桜井　そうなんじゃないですか。だから、下人から近習へと身分的なランクはあがったけれども、根本のところではこの主人の譜代なんだよ。それをなにか勘ちがいして、自由民になれたかのようなつもりになって、自由民の子供だからどんな主人をとってもいいんだと思ったようだけど、それはダメだ。

これは特別の計らいで近習にしただけであって、根本は譜代のままなんだ。だから子も孫も私に仕えなくちゃいけないんだ。そういう本質からは解放されていないんじゃないかな。だけど、そうじゃなくて、お金で自分を買いもどしたら、たぶん、もっとはっきりとした自由民になれると思うんだよ。「下人をひきあげ」というのはとりたてで、「ひきあげ」も「召し使う」も、主人が主語だからね。別に下人が主体的に自分を請けもどしたわけではなくてね。気に入ったとか、弱みを握られたとか、とにかく何かあったんだね。下人解放といっていいのかどうかはわからないけど、これもひとつの身分上昇の道ではあるよね。

落胤と暇

清水　それでいえば、ストレートに身分解放のパターンに言及しているのは142条ですね。下人がどういうかたちで解放されるか、類型が出ているのです。

142　一　下人の子よそへ走入《はしり》、或《あるひ》は主人《しうにん》の落胤《おとしだね》の子のよし申、或《あるひ》は主人《しうにん》に一度《たび》暇《いとま》を得《え》るのよし申、奉公《ほうこう》の旨《むね》を望《のぞ》むとも、いそぎ本主人《ほんしうにん》・親《おや》の方《かた》へ糺《たゞ》し返《（かえす）》べきなり。

このばあいは、下人の子供が逃げるケースです。このときも、それは通らないので、元の主人や親元に返せ、というのですかね。ここに出てくる下人が逃げだすときのパターンとして例示されているのが、駆けこみと主人のご落胤《らくいん》と、主人に暇を得たというもので、これが社会的に下人が解放される要件として説得力があるものと考えられていた、ということですか。

桜井　そうでしょうね。

清水　おもしろいのは、ご落胤ですよ。よく外国文学なんかで、主人が召使の娘に手をつけて、子供を産ませちゃうなんて話がありますよね。それに似てますね。そんなときには、主人から彼は認知されるのですかね。認知がなくても、勝手に「おれはじつは下人の子じゃないんだ。主人の子なんだよ」というと、それは解放の要件になるのですか。

桜井　どうなんだろうね。

清水　もちろん、稙宗は許さないという立場ですけど、この三つはそれなりに説得力があるものみたいですよね。

桜井　三つというのは、どれをいっているの？

清水　走入と落胤、主人の暇。

桜井　走入は別じゃないの。よそに走り入って、あるいは落胤といい、暇を得たといい、ということだからね。

清水　そうすると、落胤であることと暇を得たことの二つですか。

桜井　そうだね。落胤ねぇ。こんなケースがあったのだろうね。下人にあずけて「おまえの子供として育てろ」とか。下人の女を孕《はら》ましたばあいもあるね。

清水　後者の意味ではないのですか。

桜井　奴隷に産ませた子が奴隷か自由民かといった議論は、ローマ法やゲルマン法などにもあるよね。日本はどうかな。主人が下人に手をつけて子を産ませたというのは、落胤になるのかな。

清水　そうじゃないばあいは、どんなケースですか。

桜井　法によっては、落胤であろうが、母親が下人ならばダメ。

清水　実際には証明不可能ですよね。

桜井・そもそも下人の子供ではなくて、じつは主人の落胤で下人にあずけられたとか。ダメかな。

清水　そのケースのほうが少ないんじゃないですか。それだったら、落胤ではなくて、主人の子だというのではないですか。

桜井　やっぱりそうかね。でも、主人が下人に子供を産ませたというばあいの規定は、ほんとうにないのかな。律令法の奴婢《ぬひ》とかに。

清水　良民《りょうみん》と奴婢とのあいだの子供をどうするかというのは、ありますよね。

桜井　あるよね。そのばあい、子供は奴婢なのかな。

清水　いま調べてみたら、律令の戸令《こりょう》では、良民と賤民《せんみん》のあいだに生まれた子は賤民とする前提のもと、その例外規定を定めているみたいです。

桜井　その原則がもし中世まで生きてくるとしたら、母親が下人だったら「主人の落胤だ」といっても、あまり説得力はないよね。この主張が生きるためには、父親が主人であれば、母親が下人であっても、特別扱いしてもらえるような、そんな通念がないと生きないよね。下人と主人のあいだで、実際にあるよね。

清水　パワハラの関係にあるだけに、セクハラしやすいですよね。

桜井　そんな史料は思いつかないでしょ。

清水　そんな史料はみたことないですよ。

桜井　それって、あらゆる文化圏でタブーに属することなのかね。そうでもない？

清水　さっきもいったように、欧米の文学には多いですよね。日本でも横溝正史のミステリーなんかにもよく出てきますよね。「御伽草子《おとぎぞうし》」あたりをさがせば、案外あるのかな。

桜井　逆に「塵芥集」のこの条文がその貴重な例になるのかもしれないね。もしかしたら、母親が下人でも主人の落胤といえば、「おお、それはいいぞ」と奉公させてもらえる可能性があったらね。それから、主人に暇を乞うという手続きは、主従関係を解除するさいの必要条件だといわれるけど、「一度」になにか意味があるのかな。

清水　ふつうの「一度」という意味ではダメなんですか。

桜井　それとも、もっと積極的な意味で「もう、きっぱりと暇を得たんだ」という意味なのかな。これもありうるな。暇は、下人の子は同じ主人に仕えるのが原則だけど、「特別、おまえはそれを許してやる」ということなのかな。とにかく、主人から解放されたということだよね。この「奉公の旨を望む」というのは、こんどは下人としてではなく、もっと上の身分としての奉公なのかな。下人になるのだったら、身売りするよね。

清水　身売りなら「奉公の旨を望む」とはいわないんじゃないですか。

桜井　下人は下人と単純にはいかないね。下人・被官・近習と、いろいろあってむずかしいね。

清水　しかも、身の代を支払って解放されるばあいと、主人の好意で引きあげてもらったばあいとでは、どうも自由民としての扱いにちがいがあるようですね。

桜井　142条の「奉公」は身売りとは次元がちがって、相互契約的な印象をうけるね。

なぜ「塵芥集」には下人の規定が多いのか

清水　下人の規定が「塵芥集」にとくに多いということについて、どう思います？　よく後進地帯の特性だと説明されていますよね。たしかに近江の「六角氏式目《ろっかくししきもく》」には人身売買の規定はないんですよね。たとえば、伊達領はフロンティアが多くて土地はいくらでもあるから、土地の領有問題よりも土地に投下される労働力の問題がなによりも大事になる。そこで、人はいくらでも欲しい。謡曲などでも人売りにだまされて売られると、流れ流れてかならず東国に行きつきますよね。秀吉が後北条氏を制圧したあとの文書でも「東国の習いに、女・童部をとらえ、売買仕る」（天正一八年卯月二九日朱印状、「真田家文書」）という言い方をしていて、以後の人身売買を禁止しています。中世人の頭のなかには、売られると東国のほうに連れていかれてしまう、というイメージがあったんじゃないですか。人間の需要がすごくあるというイメージが。

桜井　所務関係条文の少なさといい、人身売買関係条文の多さといい、土地よりも人なのかもしれないね。土地にかかわる隷属民として、名子《なご》も「塵芥集」に出ていたよね。

清水　いくらか出てきますね。

桜井　一連の下人は、かならずしも土地の開発との関係では、直接には出てこない。ただ、もちろん、そういう労働力であった可能性はおおいにあるね。

清水　名子は58条と81条ですね。なかなかその性格までは特定できないかな。58条は、「地主《ぬし》の咎《とが》、名子《なご》にあひかゝるべし。名子の咎《とが》、地主《ぢぬし》にこれをかけべからず。」とありますけど、下人と名子はちがう感じですね。名子は隷属農民？

桜井　そうね。どうなんだろうね。地頭たちの直営、いわゆる家父長制的大経営というやつで、百姓ではなくて、下人だけを使ってやるような、まさにフロンティアの開拓なんてことが、かなり幅広くおこなわれていたのかどうか。

清水　中世の荘園では「浪人を招き据えて…」と記されるように、それほど奴隷労働を投下しているわけではなくて、もっと自由民で流浪している人間に土地を提供して開発させるのがふつうなんですかね。

桜井　「塵芥集」には下人関連の条文がかなり多いよね。

清水　しかも、かなり具体的なケースに立ち入っていますよ。

桜井　でもまあ、人返《ひとがえ》しは東北にかぎらず、どこでも問題になることだよね。このあたりがいちばん家臣間のトラブルの原因になるところだから多いのだけれども。「塵芥集」全体の条文の多さからすると、割合からいえば下人関連がこのくらいたくさんあっても別に不自然ではないのかな。人返し問題は、どこの大名・領主にとっても重大問題だったからね。

清水　ほかの大名が少なすぎる？

桜井　それをいったら多いってことになっちゃうよね。フロンティアや後進性に結びつけるか。とにかく、はっきりいうと下人問題は、ほとんど人返し問題だよ。

清水　下人の規定が143条にありますね。

143　一　男《おとこ》・女《をんな》、主人《しうにん》まち〴〵の下人《げにん》の生《う》むところの子、男子《おのこゞ》は男親の方《かた》へつけ、女子《をんなご》は母親《はゝおや》の方《かた》へ付べきなり。

143条は「御成敗式目」41条をもとにしているのだけど、「御成敗式目」では下人の時効は一〇年でしたね。「奴婢《ぬひ》・雑人《ぞうにん》の事、右大将家《うたいしょうけ》の沙汰《さた》に任せて、その沙汰なく十か年を過ぎば理非《りひ》を論ぜず改め沙汰に及ばず」。下人が主人のもとから離れて、なおかつ主人が訴訟を提起することなく一〇年が経過したばあいには、主人はその下人に対する占有権を失うと書いてあります。でも、「塵芥集」の143条では、その部分の記述をわざと削除して、後段の下人の帰属の問題、男の子・女の子を男親・女親のどっちにつけるという話だけをとっています。時効規定を除いているのは下人にとっては、きついですかね。

桜井　「御成敗式目」の年紀は本主人の年紀で、逃亡した下人の請求権が一〇年で時効になるということだからね。下人にきついというより、本主権がつねに生きているということじゃないの。どっちにしても、下人は、だれかの下人だよ。

清水　解放されるわけではなくて。

桜井　そう。解放はされなくてね。いまの主人への請求権を元の主人が一〇年で失ってしまうわけね。

清水　下人の主人同士の権利が保護されているのですね。

桜井　うん。それが「塵芥集」では本主権が強くなって、何年たとうが元の主人は請求できるわけだよ。

下人と名子・被官のちがい

清水　戦国大名や戦国時代に興味ある学生や一般の人にしてみたら、下人という存在がどんなものだったのか、リアリティをもって考えられないですよね。

濱　イメージがわかないですよ。144条をみると、被官・下部《しもべ》がならんでいますけど、身分的にはどうなんですか。

清水　「被官《ひくわん》・下部《しもべ》よそへ走入《はしり》候とき、主人《しうにん》より申届《とど》け候処に、相返《かへ》さずして、余方《よかた》へこれを売《う》り候事、盗人《ぬす》たるべし」。被官や下部が逃げこんできたとき、返還請求をしてきた元の主人に返さずに、よそへ売り飛ばすことは盗人と同じだ、というわけですね。「下部」は、146条や147条では下人と同じ意味で使っていますね。「被官」は、武家の家臣を意味する被官ではなくて、名子・被官の被官かもしれないですね。

濱　名子・被官って？

清水　名子といったり被官といったりするのですが、本百姓の下に隷属している零細農民ですね。

濱　下人とはちがうのですか。

清水　類似の存在と理解していいと思いますよ。

桜井　なんで144条は、言い替えているのかな。

清水　そうですね。「塵芥集」のなかでは、侍の被官(陪臣)と、伊達家の被官(直属家臣)と、百姓の被官(名子・被官)の三種類が混用されています。139条もそうですね。「地下人、又被官の子召し使ふべからず」とあって、この「又」は「また」で、「又被官」(陪臣)の意味ではないですよね。もちろん、武家の被官という意味でもない。百姓の子供や名子の子供を主従制のなかにとりこんではならないという法ですよね。

桜井　地下人の次にきているからね。地下人よりは下だよね。144条は、なんで下人でなくて、被官・下部という言い方にしているのだろうね。

清水　下人と下部は同じ意味でいいと思うのですが、やはり被官と下部(下人)には区別があるんですかね。

桜井　このあたりは、たんなる表記のゆれですかね？

清水　むずかしいですね。
濱　身分的には下人がいちばん下になる？
桜井　下部と下人がイコールでいちばん下。その上が144条や147条に出てくる被官、その上が149条に出てくる近習、地下人は百姓といっしょで自由民。
清水　地主のところに包摂されているのが名子と被官ですね。
桜井　そうそう、名子は土地にかかわる。被官は文脈によるけれど、名子と同じように土地にかかわって出てくることもあるね。
清水　名子は、小作人みたいな感じですね。
桜井　名子はよく検地帳などに分付《ぶんづ》けで出てくるね。名子・被官はあるけど、下人は検地帳には出てこないんじゃないかな。
清水　「名子」といったり「被官」といったり、言い方は地域によっていろいろなんじゃないですか。ただ、たしかに小作のことを「下人」とよぶ例はないですね。そうすると、とりあえず下人は家内奴隷的な存在で、名子・被官は隷属農民と考えておけばいいんですかね。

中世の身分制度

濱　ちょっと中世の在地社会の身分関係をまとめておきましょう。身分を上からみると、どうなるのですか。いちばん上に稙宗がいて、その下に地頭領主がいる。

清水　地頭の私有地を小作する名子・被官や地頭の私的な下人が別にいたりしますよね。

濱　地頭にも仕えている下人がいる、被官もいる。

清水　それとは別に、地頭の領域下におかれている百姓がいる。その百姓の下にもそれぞれ下人や名子・被官がいる。

桜井　その百姓のなかにも、伊達家と主従関係を結んで被官になっていたりするのがいる。それがたぶん地侍《ぢさむらい》といわれる人びとで、武田家では「軍役衆」といっているね。

濱　その人たちが地下人とよばれているのですね。下人とよばれている人たちは百姓のもとに仕える？

桜井　うん。百姓の下人もいるし、地頭の下人もいるしね。

濱　その下人同士は、すべて同じレベルの身分なのですか。

桜井　地頭の下人は、百姓に対して「おれは地頭様の下人だぞ」っていばりくさっていたかもしれない。

清水　法制度的には、どちらも下人だから、原則的にはその地位は異ならないですけどね。ただ、主人の社会的地位によって、羽ぶりのよさは変わってくるかもしれない。それに、百姓の下人は登りつめても限界はあるけど、地頭の下人だったら近習になれる道がありますね。

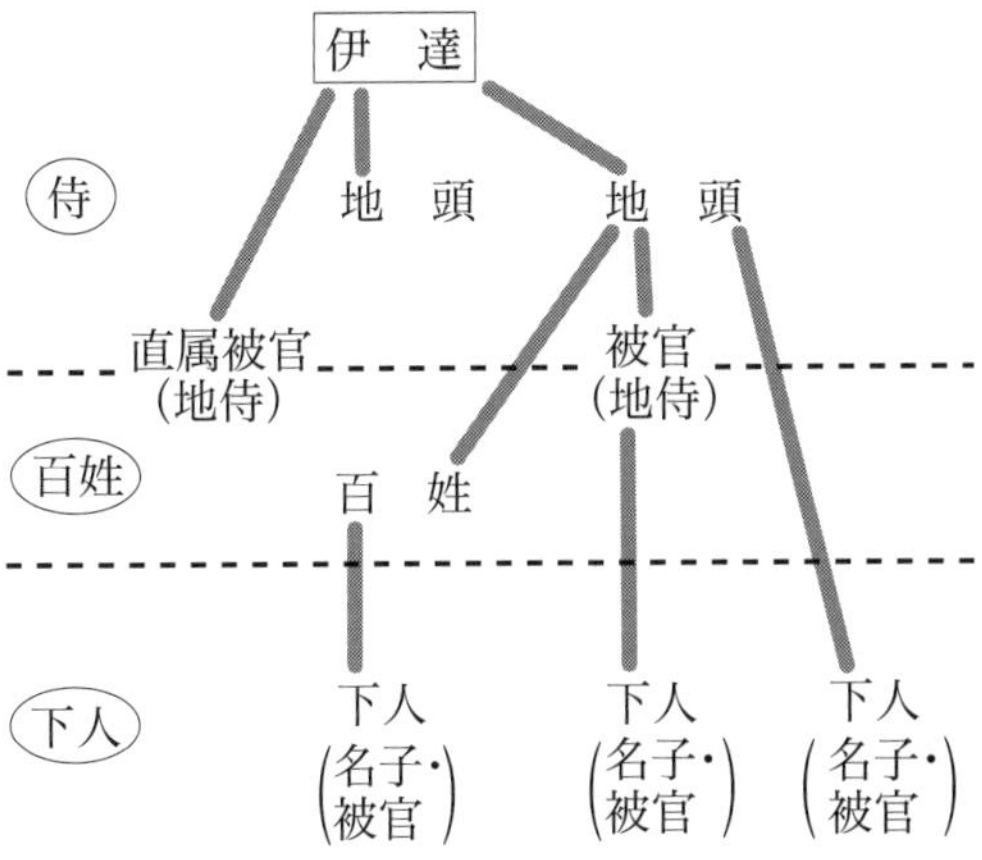

伊達領身分関係概念図

下人はみじめか？

濱　下人は、しょせんスッカラカンで貧しいのですか。

清水　でしょうね。下人は財産をもっていないでしょうね。

桜井　下人も身売りした財産をもっているんだよ。

清水　あの身売りした財産は、右から左に債権者の手に渡るのではないですか。蓄財するために身を下人に落とす人はいないんじゃないですか。なにか負債があるから身を落とすのではないですか。

桜井　解放されたのに、身売りする話があったよね。きちんと金を貯めて身の代払って、また下人になるという話ね。債務もないのに、みずから下人になることもあったんじゃないの。きっと生活費がないんだね。いちおう解放されたけれども、土地はないし、結局もういちど身売りするしかないということではないのかな。せっかく解放されたのもつかの間、明日からの飯に困ってしまう。

清水　それがやっぱり実態なのかな。

桜井　下人になれば、主人が食わせてくれるからね。

濱　日常生活の諸経費は、主人持ちですね。

桜井　それはそうでしょ。

清水　147条の下人などは、その場しのぎで、したたかに渡り歩いていると考えるべきなのか。それとも、ほんとうにその日暮らしの存在で、身分解放への志向性はあるのだけど、結局また下人に身を落として、どんどんループしていくのか。どちらかというと、身分解放されたとしても、結局はその日暮らしなのかな。

桜井　だってさ、解放されたからといって、自分の身受けをする倍くらい稼いでから身受けするしかないでしょ。明日からの生活に困るでしょ。

清水　うん。身の代を払ったらば、スッカラカンになるというのだったら、独立した意味がないですよ。

桜井　もういちど、身を売るしかないよ。

清水　また下人になるしかないですね。そうですね。身の代を貯めて、なおかつ自立したあともやっていける、ゆとりある資産がなくてはね。そう考えると、下人は簡単には抜けだせないんだ。

桜井　でも下人になっていても、けっこうお金は貯まるんだよね。五年で身受けするだけのお金を貯めることができるとすれば、一〇年働けば少しはゆとりができるのかな。

濱　下人には、主人から給金として現金が与えられるのですか。

桜井　下人に給金はなかったんじゃないかな。むずかしいところだけどね。

清水　どうやって貯めるか、ですね。

桜井　与えられた飯、というか米を少しずつ貯めるのかな。

清水　あと考えられるのは、田畠の仕事を任されているばあいなら、その田んぼの端っこでちょっとした作物をつくって、市場で売ったりとかですかね。日本文学の佐竹昭広さんが「武悪《ぶあく》」という狂言の分析をしてましたね〔佐竹 一九六七〕。「武悪」という名前の下人が主人から誅殺《ちゅうさつ》されそうになるんですが、彼が殺されそうになる理由が「新開《しんがい》」をしているというものなんです。つまり、ひそかに新たな開発地を拡げて、ヘソクリを貯めこんでいるというのです。下人もなにか理由をつけて少しずつ資産を貯めて、いつかそこから逃げだそうとはしているんでしょうね。

桜井　下人でも蓄えられるんだよ。

4　質屋の故実

稙宗は「塵芥集」制定よりさかのぼること三年前、天文二年(一五三三)に「蔵方之掟《くらかたのおきて》」とよばれる質屋法を定めている。「塵芥集」でも、この「蔵方之掟」の規定は踏襲されているが、微細に読みこむと、相互の矛盾点もみいだせる。これは稙宗のケアレスミスなのか、規定の改正なのか、それとも、じつは整合的な内容であったのか? また、「蔵方之掟」の規定の裏側には、伊達領内の土倉業者の利権と、伊達権力の思惑も見え隠れする。法令を徹底的に読みこむことで、ほかの史料にはなかなか姿をみせない、東北地方の金融業者の姿を追ってみよう。

◇◇◇◇◇◇◇◇◇◇◇◇◇◇◇◇◇◇◇◇◇◇◇◇◇◇◇◇◇◇◇◇◇◇

「蔵方之掟」と「塵芥集」の矛盾

桜井　「蔵方之掟」は、「塵芥集」110条に「**質《しち》屋にて失《うせ》物の事、蔵方《くらかた》の掟《おきて》のごとくたるべきなり**」と出てくるね。

清水　蔵方が預かった質物を紛失してしまう「失物」について、いちばん研究史で議論になっているのは、その次の111条ですね。「蔵方之掟」9条(以下、蔵9条と略記)と内容が矛盾しているというのです。

まず「蔵方之掟」の内容からみていきましょうか。蔵1条をみると「絹布《けんぷ》の類は、見当半分《けんとうはんぶん》に取るべし」とあって、蔵方が質物のかわりに預け主に与える貸金は、絹布などのばあい、質物原価の二分の一という原則があるらしいのです。これに対して蔵6条では、蔵方が預かった質物がなくなったばあい、「失物は取り代《しろ》一倍にて、返弁《へんべん》いたすべき事」とあります。「取り代」は質物のかわりに与える貸金のことですね。そして中世語の「一倍」というのはいまの二倍にあたるから、「取り代一倍」というのは、事実上、質物相当金額を相手に支払う、というわけです。

濱　たとえば、一〇万円相当の品物を僕が質に入れて、もらえる貸金の五万円が「取り代」とよばれるものですね。

清水　そう。蔵方がもしその品物をなくしてしまったばあい、五万円の一倍、つまり一〇万円を濱さんに返してあげる。そうすると、蔵主としては最初に払った五万円に加えて一〇万円を弁償するわけだから、事実上、一・五倍。一五万円の損失になる、ということです。

桜井　最初に貸した五万円に、五万円を上乗せして、合計一〇万円という可能性はない？　中世の「一倍」って現在の「二倍」とまったく同じ意味ではなくて、「元金《がんきん》と同額」という意味でしょ。

清水　どうなんでしょうね。次の「塵芥集」111条もそれとかかわるので、いっしょに検討してみますか。

111　一　質屋《しちや》にて質《しち》の物失《う》せ候事、是は紛《まぎれ》なく無沙汰《ぶさた》の証拠《しやうこ》見え候はゞ、不レ及二是非一候。たゞし無沙汰《ぶさた》の証拠《しやうこ》見え候はずば、半分まよいたるべき也。

ここでも同じく蔵方が質物を紛失したばあい、「紛れなく無沙汰の証拠見え候はば、是非に及ばず」とあります。この「無沙汰」は、蔵方の側になにか責任があるばあいと読むのがふつうですよね。そのばあいは、「是非に及ばず」、つまり蔵方の責任が問われることはいうまでもない、というわけです。おそらく蔵6条との整合性を考えれば、貸金全額を失ったうえ、貸金の倍額の弁償をするというのでしょう。さきほどの僕の解釈でいえば、五万円が貸金だったばあい、一五万円の損失です。
ただし、「無沙汰の証拠見え候はずば、半分まよいたるべき也」。蔵方に過失がないばあい、勝俣注によれば原価の半額を弁償する。つまり、貸金全額を失ったうえで、質物相当金額の半額を弁償するといっているのです。このばあいは、貸した五万円を失ったうえで、さらに質物原価の半分に当たる五万円を弁償する。つまり一〇万円の損失です。
以上をまとめると、蔵方に過失があったばあい、蔵方は質物原価の一・五倍の損失。蔵方に過失がなかったばあいは、質物原価と同額の損失をする、ということになります。

桜井　勝俣さんも清水君と同じ解釈なのね。

清水　ええ。ところが、蔵9条には、こうあります。

蔵9　一、火事・賊難につきて、蔵主の損失露顕たらば、置き主も損たるべし。ただし、損亡支証なきにいたりては、蔵主の方より本銭半分をもつて置き手の方へ弁償すべきの事。

つまり、蔵から出火したり、泥棒が入って蔵の物がなくなって、蔵主も損失をこうむったことがあきらかならば、預け主にも損害がおよぶ。要するに、蔵主の過失といえないような不慮の災害にあったばあいには、預け主も応分に損害を負担しなくてはいけないという趣旨です。おそらく弁償金なしで貸金が消滅して、蔵主は貸金額五万円の損失(質物原価の1／2)、預け主は質物原価から貸金額を相殺した五万円の損失ということでしょう。

ただし、そのつづきに蔵主も損害をうけたという証拠がないばあいは、蔵主は「本銭半分」を置き主に支払うとあります。この「本銭」は貸金のことなので、「本銭半分」とは、五万円の貸金の半分、二万五〇〇〇円を預け主に弁償するということです。そうすると、蔵主は最初の貸金五万円に二万五〇〇〇円を弁償するわけだから、合計七万五〇〇〇円(質物原価の3／4)を損することになります。一方の置き主は一〇万円のものを質入れして貸金の五万円と弁償額の二万五〇〇〇円しかもどらないので、二万五〇〇〇円の損をすることになります。

ただ、こうなると、最初の111条の規定とあきらかに矛盾してしまうのです。この点を勝俣注では、111条はたんなる紛失の規定であるのに対して、蔵9条は不慮の災害の規定なので蔵主の負担が軽くなっていると解釈しています。また、小林宏さんは、111条は「塵芥集」編さん段階の第3期の編入記事だから、それ以前の規定を改正したのではないかと述べています〔小林宏 一九七〇：一五五～一六二頁〕。

これに対し、下村效《いさお》さんは111条の「半分まよい」は質物原価の半分ではなく、貸金の半分を意味するのではないかと指摘しています〔下村 一九八二〕。こう考えると、たしかに蔵主に過失がなかったばあいについては説明できるのですが、依然として蔵主に過失があったばあいについては不整合です。それに、もしそうだとすると、111条後段は蔵9条後段とわざわざ同じことを規定していることにもなってしまい、しっくりいきません。

下村さんは、そのほかに「塵芥集」の用例を分析したうえで、111条の「無沙汰」は蔵方の過失をいうのではなく「代物未納(利子未納)」を意味し、「是非に及ばず」は「蔵方の責任免除」を意味するのではないか、という代案も提示されています。つまり、利子未済の質物の紛失については、質流れと同一とみなし、蔵主に責任はない、という解釈です。

この問題については、桜井さん、どう思います?

桜井　かなりこみ入ってて即答しにくいんだけど、印象としては、「半分まよい」については原価でなく、貸金の半分、つまり下村説がいいんじゃないかという気がするな。111条と蔵9条の関係については勝俣説に賛成。一品だけ紛失したばあいと、蔵全体が災害をうけたばあいは、やはり区別されていたんじゃないかな。111条後段と蔵9条後段が同じことのくりかえしになっちゃうというけど、それは別にかまわないと思うんだけどね。それから111条の「無沙汰」はやっぱり蔵方の無沙汰でしょ。利子未納は考えすぎじゃない?

清水　下村さんの「無沙汰」は、僕も無理があると思っていました…。

では、さっきいっていた蔵6条の「取り代一倍」を「元金と同額」と考えるアイデアとあわせると、桜井さんの理解は、次のようになりますか。かりに一〇万円の質物を紛失したら、蔵方は原則一〇万円の損失（貸金五万円の放棄と同額の賠償／蔵6条・塵111条前半）。ただし、蔵全体の損失があきらかなばあいは、蔵方は五万円の損失（貸金五万円の放棄のみ／蔵9条前半）。また、蔵全体の損害まではいかないまでも、蔵方に落ち度が認められないばあいは、蔵方は七万五〇〇〇円の損失（貸金五万円の放棄と貸金半額分の賠償／塵111条後半、蔵9条後半）。なるほど。そう考えれば、いちおう「蔵方之掟」と「塵芥集」の内容は矛盾なく説明できますね。

でも、なんで「塵芥集」は111条で「蔵全体の損害まではいかないまでも、蔵方に落ち度が認められないばあい」なんて規定をわざわざ「蔵方之掟」に追加して新たに定めようとしたんでしょうね。そもそも「火事・賊難」（蔵9条）以外で、蔵方の過失なしに質物が紛失するケースって、なかなか考えにくいですよね。その質物一品だけが盗まれて、ほかの質物にはいっさい被害がなかったとか。

土倉の同業者団体

桜井　それは土倉の同業者団体がかかわっていると思うね。じつは「蔵方之掟」も、背後に土倉の同業者団体がしっかりあって、その内部法規を追認しているような感じがするんだよね。43条の倉役は、勝俣注にあるとおり質屋営業税のことで、蔵12条に「五ヶ年過ぎ候はば…」とあるのは、五年間は営業が軌道に乗るまえの見習い期間だね。

43一　倉役《くらやく》をせずして、盗物質《ぬすみものしち》にとる輩《ともがら》、盗人《ぬす》同類《どうるい》のよし申。しかるに取手《とりて》置主《をきぬし》を申出《い》でば、咎《とが》あるべからず。たゞし質《しち》とり候もの、置主《をきぬし》を知らずば、取手《とりて》の越度《をつと》たるべき也。

蔵12一　五ヶ年過ぎ候はば、蔵役相動《(あいはたら)》かるべきの事。

清水　近世村落でも鍬下《くわした》年季といって、新規開発地については数年間年貢を免除したりしますよね。これも五年間営業して、きちんと地に足がついたならば、倉役を納めなさいということですかね。

桜井　倉役を納められるようになったら、盗品を扱っても罪にならない。43条で問題になっているのは、五年未満の土倉なのか、それともモグリの営業なのか。43条には「倉役をせずして、盗物質にとる輩、盗人同類のよし申す」とあるね。この「申す」は、だれが申したと思う？

清水　世間一般にそういわれている。ちがうか。盗まれた人ですか。

桜井　僕は、これこそが同業者団体なのではないかと。

清水　えっ！　どうして？　あっ、なるほど。（笑）　そういう意味ですか。同業者団体がモグリの土倉を伊達に告発しているわけですね。

桜井　この「申す」は、絶対に訳し忘れると思うよ。「申す」の主語はだれですかといったときにね。

清水　僕は、世間一般に、そういうことをいう輩がいると読んでいました。

桜井　だって、「倉役をせずして」というのは、内情をそうとう知っていないといわないよ。これは同業者団体が土倉故実を語ったものだね。

清水　ああ、それはまちがいないですよ。倉役を納めないくせに盗品を扱っているモグリの業者を同業者団体が排除しようというわけですね。

桜井　この一言の「申す」があるから、土倉の同業者団体の存在がわかる。一文字もゆるがせにしてはならないという好例じゃないでしょうか。

清水・濱　なるほど。

濱　その次の「しかるに取手置手を申し出でば、咎あるべからず」とあるのは、どうつながってくるのですか。

桜井　この取り手は、五年未満の土倉だね。

清水　基本的に倉役を納めなければ盗品を扱ってはいけないんだけど、だれから預かったと口を割ったならば、その人を泥棒扱いにしない。これは、下人の身売りのところでも出てきた「手継を引く」という手続きですね。

桜井　五年未満の土倉は、盗品を受けとると罪人になるんだね。五年をすぎると、倉役を納めて一人前の土倉になれるのですよ。盗品を扱ってもＯＫ。

清水　倉役を納めて同業者団体に加わらないと、盗品をつかまされるとお縄になってしまう可能性があって、すごく危ないというわけですね。

蔵12条の五年という年限ですけど、逆に五年未満の未熟なヤツは組合に入れないみたいな排除の意味あいはないのですか。新興商人や見習いは、組合に入れない。「ベテランだけしか、われわれの組合には入れてやらない」という意味はないですかね。
濱　五年間は、経営をやらせているのですか。
清水　だから五年間、組合に入らず、経営を維持できれば、組合に入れてやってもいいというような。新興商人は排除して、あるていど、経営が安定したヤツは、組合に入れてやってもいいと。
桜井　だけどさ、盗品さえうけつけなければ、経営自体はしてもいいいんだよね。
清水　でも、もちこまれた物が盗品だなんて、わからないじゃないですか。あとで「これは、おれのものだ」なんていわれたら、一発アウト。
桜井　五年やっていけたヤツは、目利きなんだよ。
清水　うん。だから組合に入れてやってもいい。同じ商人仲間として肩をならべられる。
桜井　五年のあいだ営業をつづけるのが簡単であれば、同業者が無限に増えてしまうからね。
清水　そうすると、「五年間無税で営業させてもらって、うまい汁を吸ったのだから、ここからは役をはたせよ」という解釈じゃなくて、「五年間の見習い期間をがんばったのだから、組合に入れてやってもいい」という解釈になりますかね。
桜井　両方の意味があるんじゃない。五年経つと義務も生じるけど、権利も生じるんだよ。
清水　両方ですかね。
桜井　片方ではないような気がするな。五年はけっこう高いハードルで、五年未満で終わってしまう業者も多かったのではないの。五年やっていけたら、「よし、仲間に入れてやろう」というくらいの重みが五年という期間にはあったのでしょう。

質屋の利用者

濱　蔵方のお客さんは、どんな人たちなんですか。けっこう上の人たち？

清水　どうだろう。それでいえば、蔵2条がヒントになるかもしれません。武具を預けるとあるのだから、このばあいの顧客は伊達家の家臣ですよね。ただ、蔵2条では武具を預けると、取り代は三分の一にしかならないのですね。絹布などは二分の一なのに。通常考えたら、絹布よりも武具のほうが資産価値は高そうなのに、取り代を三分の一に抑えているのは、これはやはり武具が流出しないようにという方策ですかね。全体的に「蔵方之掟」は、たしかに蔵方の権益を保護する立法で、桜井さんはこれを組合の掟を伊達家が公認したといいますけど、そのなかで蔵2条に関しては伊達家の家臣統制というか、軍事的な配慮がはたらいているんじゃないですか。

桜井　そうね。

清水　武具の質流れを困難にするために、わざと取り代を低く抑えている。ほかの条文はたしかに蔵方を保護するものですね。蔵3条の「鼠食いの事、置主の損たるべし」というのも、どういうわけか保管していた蔵方の責任は問われないみたいですね。

桜井　これは「塵芥集」にもあった？

清水　ないですね。預かっているあいだにネズミがかじってしまったなんて、絹なんかだったら使い物にならないですよ。度合いにもよりますけどね。
桜井　あとは蔵5条の雨漏りだよね。
清水　5条は雨漏りで品物がダメになったら、利子はとらない。これも蔵方にとって、あるていど有利な規定ですよね。
　蔵11条の「日が暮れてから質をとってはいけない」なんていうのは、室町幕府法にありますよね。
桜井　あるね。
清水　「女をもって白昼に取るべし」（室町幕府追加法四九三〜九五）。夜に屈強な男が質物もらいうけの交渉に来ると、土倉側が暴力的に押し切られてしまう危険がある、という配慮でしょうね。
桜井　同業者団体に任せきりにせずに、伊達家の重臣たちが連署して、伊達家の法という体裁をとったのも、伊達の思惑がからんでいるからでしょ。
清水　重臣の署判ばかりで、肝心の稙宗の署判がないのは、身分的な問題ですか。
桜井　それはあるんじゃないのかな。いわゆる雑務沙汰（動産問題。不動産問題よりも軽事とみなされていた）だからね。
清水　稙宗がみずから署判を据えるほどの事案じゃない。評定衆といわれる連中に任せる。
桜井　充所《あてどころ》の坂内八郎右衛門は、おそらく同業者団体の親方ではないのかな。そうすると、坂内充てに伊達の当主は文書を発給しないと思うよ。

清水　近世に仙台藩でつくられた『伊達世臣家譜』や『仙台藩家臣録』をめぐってみても、坂内という姓の藩士はいないようですね。充所が土倉の親方だとすれば、評定衆・宿老の名前で十分だと。

濱　蔵方に預けるのは、評定衆みたいなトップクラスの人たちなんですか。

清水　もし彼らが土倉の恒常的な顧客だとすれば、ここまで土倉に有利な規定は定めないんじゃないですか。

桜井　武具が入っているからね。

清水　連署しているのは、一城の主に近い存在ですから、土倉のお客は彼らより少し下でしょう。

桜井　それこそ陪臣クラスかもしれないね。「蔵方之掟」は重臣と蔵方間の相互協約的な性格をもった法かもしれないよ。

Ⅲ

立法の情報ソースをさぐる

～原「塵芥集」をもとめて～

1 「御成敗式目」と「塵芥集」

第Ⅲ章は、「塵芥集」の編さん過程について考える。

条文の排列やレトリックの類似から、稙宗が鎌倉幕府の定めた「御成敗式目」を座右に置いて「塵芥集」を編さんしたことは、ほぼまちがいない。では、あらためて「御成敗式目」と「塵芥集」を読みくらべてみると、どのようなことがわかるだろうか。稙宗はどの部分を丸写しして、どの部分にオリジナリティーを発揮しようとしたのか。稙宗のうっかりミスや、ずぼらな引用から、編さん過程での意外な裏事情があきらかになる。

戦国的な微調整

清水　これまでの研究でも、「塵芥集」が「御成敗式目」の影響をうけているのはあきらかです。そこで、ここでは「塵芥集」の編さん過程を追体験しながら、どの部分まで「御成敗式目」をコピー＆ペーストしているのか、どの部分にオリジナリティーがあるのかをたしかめてみたいと思います。もちろん、レトリックだけパクっているところはほかにもあるのですけど、内容までほぼ似ているのは、「御成敗式目」10条（以下、式目10条と略記）と「塵芥集」25条、式目13条と「塵芥集」40条、式目15条と「塵芥集」134条、式目36条と「塵芥集」121条の四つですね。ちょっと変えているのは、たとえば式目13条「殴人咎事」と「塵芥集」の40条がわかりやすいですね。

「御成敗式目」（読み下し文）

13 一 殴人《おうじん》の咎の事

右、打擲せらるるの輩はその恥を雪《そそ》がんがため定めて害心《がいしん》を露《あら》はすか。殴人の科、はなはだもつて軽からず。よつて侍においては所帯を没収せらるべし。所領なくば流罪に処すべし。郎従以下に至つては、その身を召禁《めしきん》ぜしむべし。

「塵芥集」

40 一 人を打擲《ちやうちやく》する事、侍《さぶらゐ》におゐては、所帯《しよたい》を取《と》り放《はな》すべし。無足《むそく》の族《やから》は、他国《たこく》へ追《を》い払《はら》ふべし。しかるに成敗《せいばい》を待《ま》たず、自分《じぶん》として打返《うちかへ》しする事有べからず。しかのごときの族《やから》、所帯《しよたい》を召上《めしあ》げべし。無足《むそく》の輩《ともがら》は、他国《たこく》へ追《お》い払《はら》ふべきなり。

「御成敗式目」では、殴られたヤツはそれを恨みに思って必ず報復するものだ。だから人を殴るということも、けっして軽い罪にはならないのだ。そうしたばあいには、侍に関しては所領を没収で、所領がない侍は流罪、郎従以下の身分に関しては拘禁刑と定めています。

それに対して「塵芥集」では、人を殴ったら侍は所帯没収、無足のヤツらは追放刑。だけれども殴られたからといって、伊達の裁きを待たずに殴ったヤツに自力で報復することはあってはならない。そういうヤツらは所領を没収、所領のないヤツらは他国へ追放、です。

ということで、似ているけど微妙にちがう。大きくちがうのは、後段のところで、報復について言及している点。ここが「塵芥集」独自の部分です。殴ってはいけないというだけでなくて、殴られたほうも勝手に報復したばあいは同じ罪になる。これは「御成敗式目」の成立段階とは、社会的な課題や状況が変わってきているのでしょうね。いかにも戦国的です。当時の課題を反映して微調整を加えているということですかね。そこはいいですか。

桜井　そうなんじゃないですかね。

妙なアレンジ

清水　よけいなアレンジをしたために、意味がわからなくなっているものもあるのです。式目15条「謀書の罪科の事」と、「塵芥集」134条です。

「御成敗式目」（読み下し文）

15一　謀書の罪科の事

右、侍においては所領を没収せらるべし。所帯なくば遠流に処すべきなり。凡下の輩は火印をその面に捺さるべきなり。執筆の者また与同罪。
次に論人帯ぶるところの証文をもつて、謀書たるの由、多くもつてこれを称す。披見の処、もし謀書たらばもつとも先条に任せてその科あるべし。また文書の紕繆なくば、謀略の輩に仰せて神社・仏寺の修理に付けらるべし。ただし無力の輩に至つては、その身を追放せらるべきなり。

「塵芥集」

134 一 謀書《ぼうしょ》の事、侍《さぶらい》たらば所帯《しょたい》を闕所《けつしょ》すべし。所帯《しょたい》なくば他国《たこく》させべし。地下のものたらば、その面《おもて》に焼金《やきがね》をあてべし。たのまれ書《か》き候筆取《ふでとり》、同罪《どうざい》たるべき也。次に問答《もんだう》の所帯の証文《せうもん》を謀書《ぼうしょ》たるよし、多《おお》くこれを申出《い》づる。披見《ひけん》のところに、もし謀書《ぼうしょ》たらば、まへに載《の》する咎《とが》に行《をこな》ふべし。又証文《せうもん》の誤《あやま》りなくば、くだんの論所《ろんしょ》、闕所《けつしょ》たるべきなり。

「御成敗式目」では、謀書の罪に関して侍は所領を没収、所領がなければ流罪。一般人は焼印を顔に捺す。謀書を執筆した人間もまた同じ罪に問われる。問題は後半です。相手側がもっている証文に対して、訴えた側は「そいつがもっているのは偽の文書だ」とだいたいいうものだ。謀書の罪はいったもの勝ちみたいなところがあるから、相手の証拠を打ち砕くために、「あいつのもっている文書は偽物だ」というのは、しばしばあることです。それを確認したところ、偽物であることがたしかめられれば、前半の規定に準じて罪を認定する。ところが、相手の文書に対してケチをつけておきながら、じつは謀書ではなかったことがあきらかになったときは、そのウソつきに対して、神社・仏寺の修理費を負担させる。ただし、所領をもっていない輩だったら追放刑に処する。

対する「塵芥集」は、謀書は侍であれば所領没収、所帯がなければ追放刑。一般庶民なら顔に焼印を捺す。たのまれて謀書を書いた者も同罪である。ここまではほぼ同じで、「御成敗式目」の漢文のほぼ読み下しになっています。次は、もめている相手側の文書を謀書であると多くの人はケチをつける。たしかに謀書であることが証明されたならば、前半の規定に准じて処罰をする。問題は後半です。ケチをつけたけれども証文が本物の文書であることが証明されたばあい、そのもめている所領を没収するというのです。

これは、アレンジしてしまったために、おかしな話になっている。一方の虚偽が証明されたら係争地を没収する、ということですよね。

桜井　おかしいから勝俣さんが補注をつけているよね。「くだんの論所」のあとに「のほど」が抜けているのではないかとね。くだんの係争地と同じ規模の所領を没収する。

清水　ケチをつけた人間が所領を失うことにしないと、ヘタをすると正しいほうが損することになりますよ。

桜井　そう。このままではどうしても意味が通らないから、「くだんの論所」でなく、「くだんの論所のほど」なのだろうと。なるほどそれであればいいかな。それが脱字なのか、ほんとうにこうしてしまったのか。

清水　原文どおりに運用したら、これは大変な混乱がおきますよ。

桜井　脱字がいちばん自然な解釈だけどもね。「くだんの論所のほど」であれば、そう「式目」の趣旨から離れないよね。「式目」の「神社・仏寺の修理に付ける」という部分が「塵芥集」にはないね。「式目」の意味は謀略の輩の所領を没収して修理費につけることにあるわけでしょ。

清水　ここまで忠実なのに、なんで最後のほうを変えたのかな。

桜井　ペナルティとして神社・仏寺へ寄進するという条文はありましたかね。

清水　「塵芥集」にはないと思います。今川や六角にはありますけどね。

桜井　だんだん、そういう時代ではなくなっていくんでしょうね。

清水　やはりそういうことですか。

桜井　神社・仏寺の社会的な地位が低下したということなのか。「塵芥集」は「御成敗式目」の条文構成をまねて、神社のことからはじまり、次に仏寺がくる構成になってはいるけどね。「式目」に一ヶ条しかない神社関係の条文は七ヶ条もあって、けっこう優遇しているのかと思うと、妙なところで変えているね。

清水　そうなんです。そのまま読み下してしまえばいいのに、ミスを犯してまでアレンジしようとしているのは、やはりなにかそのままにしておくわけにはいかない事情があったのでしょうね。

桜井　神社・仏寺につけるというのは、意訳すれば闕所といえないこともないのでしょうけど。

所領関係は中世法に依拠

清水　似たようなのは、式目36条と「塵芥集」121条です。これはほんとうにまったく同じなんですよ。式目36条を典拠にした条文は、ほかの分国法にもあるのですが、最後のペナルティのところは、どの大名も大概アレンジしています。「御成敗式目」では、虚偽の訴訟をした者については、境界を越えて相手側に侵犯した部分の所領相当面積を、相手側に割き与えるという原則になっています。これを、たとえば「今川仮名目録」2条のばあいは、言いがかりをつけた側の全所領の三分の一を没収するという規定に変更していて、武田の「甲州法度之次第」もそういってます。三好の「新加制式」も「結城氏新法度」も「相良氏法度」も、いずれもかなり強権的になっているのです。

　ただ、今川のばあいは最初の「仮名目録」で、敗訴した人の全所領の三分の一を没収するといったあとで、二七年後の「仮名目録追加」13条では「あまりに事過ぎたるか」といって、係争地の二倍の所領を勝訴者に与えるという方式に、軌道修正しているのです。ペナルティを重くしすぎてしまって、今川はちょっと反省しているぐらいなのに、「塵芥集」は逆にそのままなのです。

桜井　「式目」に忠実なのね。

清水　そうです。一方で妙にアレンジしている134条のような条文もあれば、121条のようにほかの大名が気を使ってアレンジしているところを全然変えていない。それで思ったのですけど、翻訳ミスとか、まるまるパクリというのは、所領相論関係に多いような気がするのです。ひょっとしたら伊達領国では所領相論はあまりなくて、境界相論が深刻な問題にはなっていなかったのではないかと思うのです。

ほかの畿内近国の大名であれば、所領相論はけっこうシビアな問題になりますよ。ところが、伊達領国ではあまりないのかな。だから変なアレンジをして平気でいたり、のんきに写したりするのかなと思うのです。

桜井　所務沙汰(所領・年貢相論)関係の立法がほとんどないのは「塵芥集」の特徴で、そのあたりが「六角氏式目」などと好対照をなすのでないかということだね。その点でいえば、所務相論にかかわる条文は、みんな「式目」を使っている。基本的には中世法に依拠している可能性があるよね。所務関係では中世の法体系につけ加えるべきものは、あまりないと感じていたのかもしれない。こんなにぼう大な条文を考えながら、所務関係の条文が少ないというのは、たしかにそうだね。それがいま、清水君がいったように、伊達領内では所領相論が少なかったということかもしれない。

清水　そう思ったのは、伊達の買地安堵状などをみていると、土地の単位は何反何歩ではなくて、何蒔《まき》という独特な単位を使っていますよね。面積ではなくて、その土地にどれだけの種が蒔けるかという容量で把握しようとしています。だから、あまり集約化していないというか、畿内みたいな何反何歩と面積をゴチャゴチャいうよりも、もっと粗放な農業形態だったのではないか。村落景観も畿内の集村みたいな景観ではなくて、ポツンポツンと在家があって、そのあいだに荒野が広がっているという感じならば、境界相論はおこりえないと思うのですけど。一方で近江の菅浦《すがうら》(近江国の代表的な惣村)なんかは、猫の額みたいなところをめぐって隣りの荘園と殺しあいをやっているじゃないですか。伊達領ではそれほど開発はすすんでいなかったのかな。

桜井　未開の地がたくさんあって、まさにフロンティアだった。
清水　人の土地まで侵犯する必然性がなかった。
桜井　所領と所領が接していなかった可能性もあるよね。…なんていったら叱られるかね。
清水　でも、そう思わざるをえないくらい所務の話はないですよ。
桜井　買地安堵関係があえていえば、それに含まれるのかもしれないけど、「御成敗式目」をどんなときに使おうとしたのかな。式目10条と「塵芥集」25条の関係については、どんな議論がありましたか。
清水　笠松宏至さんの研究がありますね［笠松 一九八六］。いま残っている「御成敗式目」の10条は事書が変なんですよ。事書には「殺害・刃傷罪科の事」とあるけど、内容を読んでみると、そうはなってなくて、どう考えても親子の連座の話になっている。これを佐藤進一さんの原式目論にもとづいて、笠松さんはもともと別の条文だったのをミックスしたときの編さんミスで、内容に混乱が生じてしまったのではないかといわれています。
それに対して式目10条をもとにした「塵芥集」25条は、文章はほぼ「式目」そのままなのですけど、タイトルだけはきちんと「親子の咎、互にかくるや否やの事」となっているのです。しかもいちばん最後のつけたり(付則)で、「兄弟の咎、互いにこれに准《じゅん》ずべし」とあって、現在残っている「式目」には存在しないつけたりもあるのです。これは稙宗がオリジナルで思いついたものではないとすれば、いま残っている「式目」原本とはちがうものが戦国時代には存在していて、それを稙宗がみて「塵芥集」をつくったのではないか、ということです。「塵芥集」から逆に「御成敗式目」の原型が類推できるのではないかという興味深い指摘です。
桜井　そういう議論でしたね。
清水　桜井さんが以前に話していた、「塵芥集」のオリジナルのネタは、「御成敗式目」だけだったのかという話題とつながりますよね。

ちょっと未熟な法典

桜井　その話をするまえに、いかにも「塵芥集」らしいということで、大学の授業でも話題にした39条と40条の関係について紹介させてください。

38―　喧嘩《けんくわ》・口論《こうろん》により人を斬《き》る事は、手負《ておい》多《おほ》き方《かた》の理運《りうん》たるべし。たゞし手負《ておい》・死人《しにん》多《おほ》くとも、懸《かゝ》り候はゞ、懸手《かゝりて》の越度《をつと》たるべき也。

39―　人を斬《き》る咎《とが》の事、披露《ひろう》のうへ成敗《せいばい》を待《ま》つべきのところに、其儀にをよばず、わたくしに斬《き》り返《かへ》しすべからず。かくのごとくの輩《ともがら》、たとい至極《しごく》の理運《りうん》たりとも、法度《はつと》を背《そむ》き候うへ、成敗《せいばい》を加《くわ》ふべきなり。

40―　人を打擲《ちやうちやく》する事、侍《さぶらゐ》においては、所帯《しよたい》を取《と》り放《はな》すべし。無足《むそく》の族《やから》は、他国《たこく》へ追《を》い払《はら》ふべし。しかるに成敗《せいばい》を待《ま》たず、自分《じぶん》として打返《うちかへ》しする事有べからず。しかのごときの族《やから》、所帯《しよたい》を召上《めしあ》げべし。無足《むそく》の輩《ともがら》は、他国《たこく》へ追《お》い払《はら》ふべきなり。

39条は「人を斬る咎の事」とあって、人を斬る咎は38条から出てくるけど、39条は、さっき清水君がいったように、私的な報復の禁止という点に重点がおかれているね。そして次の40条は「人を打擲《ちょうちゃく》する事」。39条が「人を斬る咎の事」で、40条は「人を打擲する事」だから、ふたつの条文はほぼパラレルな関係にあるといっていいでしょ。

ところが全然ちがうのは刑罰規定で、40条では人を打擲した者も、打擲されて私的に報復した者も、侍は所帯(所領)没収、無足の輩(所領のない者)は国外追放と細かく規定してあるのに、39条はたんに「成敗を加ふべきなり」としか書いていない。人を斬るほうが、叩くより重いはずなのに、刑罰規定はえらく雑なんだよね。

なんでこういうことがおこったかというと、40条は式目13条「殴人の咎の事」の「侍においては所帯を没収せらるべし。所領なくば流罪に処すべし。」を写したんだね。要するに、40条は「御成敗式目」があったから、細かい刑罰規定になった。39条は「式目」になかったから雑になった。非対称的というか、相応していないのですよ。ふつう打擲について侍だったら所領没収、無足だったら追放と書いたなら、人を斬る咎についても、侍はこう、無足の輩はこうだと書くべきでしょ。この法としての不統一性は、ひじょうにおもしろいでしょう、というオチでね。(一同爆笑)

「御成敗式目」があるから、細かい規定になったのでしょう。それなら「御成敗式目」を応用して、人を斬る咎についても細かく決めなくちゃという発想がない。そこが法としてのきわめて未熟な部分でね。

清水　39条は、あきらかに38条からの連想からつくっていますね。「喧嘩・口論」→「刃傷」→「殴打」という連想ですね。後ろとの関係はあまり考えていなくて、前とのつながりだけでつくっていますね。

桜井　40条はたぶん39条の「人を斬る咎の事」を書いたあとで、「ああ、待てよ、斬るについて決めたんだから、打擲についても決めなくちゃいけないな。そういえば打擲って「御成敗式目」にあったな」という思考の流れが読みとれる。

清水　そのとき39条にフィードバックはしなかったんですね。

桜井　そうなんだよ。こういうところをみると、ブレーンとか奉行衆が熟慮してつくったのではなくて、やはり「塵芥集」は植宗が一人でつくったのかなと感じるよね。

清水　ブレーンがいたら、「まずい」と気づくでしょうね。おもしろいですね。

2 「塵芥集」の先行法令はあったか～「式目」以外の原典～

「塵芥集」が「御成敗式目」の影響下に作成されたものであることは、前節でみたとおりである。では、「御成敗式目」以外に「塵芥集」がネタ本とした法典や法令はなかったのだろうか。現在では失われてしまっている、まったく未知の法が「塵芥集」に参照されていた形跡はないか？　また、「塵芥集」成立以前に稙宗はなんらかの別の法典を作成していた可能性はないか？　「塵芥集」の微かな言葉のあやから、稙宗がどのようなデータを座右において「塵芥集」を編さんしたのか、それ以前にどのような法整備をおこなっていたのか、大胆に推理してみよう。

時の守護所

桜井　「御成敗式目」以外の原典ということで気になるのは9条の「時の守護所」だよね。

9一　住持職《ぢうぢしき》は師匠《ししやう》まかせたるべし。たゞし問答《もんだう》あらば、時《とき》の守護所《しゆごしよ》へ披露《ひろう》のうへ、その是非にしたがふべし。

お寺の住職の相続については、師匠の指名次第で、ただし、トラブルがおこったときには「時の守護所」へ披露のうえ、その判断に任せなさいという条文だね。この「時の守護所」だけど、伊達は自分のことを「時の守護所」というのかどうか。

「時の守護所」は、守護が移り変わる、交替することを想定している言葉だね。これは土地売券に多い表現で、一五世紀後半くらいから出てくると思うのだけど、もし売買契約に違反したばあいには「時の公方」とか、「時の領主」に訴えてもらってもかまわない、といった担保文言に出てくるね。その地域を支配している権力は、そのときにはもう入れ替わっているかもしれないけど、とにかくトラブルがおこったときの領主に訴えてくださいという意味で、それでいうと、移り変わる存在としての守護、というニュアンスなのね。伊達が自分のことを「時の守護所」というのはあきらかにおかしくてね。

清水　そもそも鎌倉・室町幕府の職制に「陸奥国守護《むつのくにしゅご》」というのは存在しないんですよね。稙宗はほんとうは奥州探題《おうしゅうたんだい》になりたかったんだけど、それが室町幕府に許されなくて、むりやり創出されたのが「陸奥国守護」という肩書だったんですね。だから、稙宗以前に陸奥国守護は存在しないわけで、それ以後の晴宗になると念願の奥州探題になるわけだから、陸奥国守護というのは稙宗一代かぎりのはずですよ。「時の守護所」という言い方は、その点からもおかしいですよ。

桜井　「時の守護所」という言葉を使うのは、守護以外の人間で、だいたいは守護よりも下の人間が使う言葉だね。それが「塵芥集」に出てくるというのは、もともと稙宗のオリジナルではなくて、元になる何か別なものがあって、それを丸写しした可能性があるのではないかな。そうすれば、「時の守護所」もありうる。とにかく稙宗が自称として使う言葉とは、とうてい思えなくて、その原本はたぶん、守護よりも下の階層の者がつくった何かである可能性が高い。ただ、やっぱり、陸奥国だと清水君がいったように守護が存在しないという問題があって、そうすると陸奥以外の国人《こくじん》領主クラスの法などが原典になっていた可能性はないのだろうか。

清水　それはおもしろいですよ。これまでみんな「塵芥集」の元ネタは「御成敗式目」しか考えていなかったわけですが、それ以外にもあるのではないかという着眼は斬新ですよ。

桜井　同じような表現は、6条の「時の別当・神主」が出てくるくらいではないかと思うのです。この条文もちょっと気になるね。「時の別当・神主」なんて表現を稙宗が思いつくかどうか。3条はたんなる「別当・神主」だけど、6条は「時の別当・神主」になっていて、稙宗が思いつくには、気の利きすぎた表現だね。

清水　15条にも「時の住持」がありますね。

桜井　そうね。こういうのをどういうふうに解釈するか。たしかに神社の別当・神主やお寺の住持は、在職者が頻々《ひんぴん》と移り変わるということを念頭において、こんな表現をとった可能性もないわけではないけど、いくらなんでも「時の守護所」は自称として不自然すぎるだろうということで、何か別な法を丸写しした可能性があるのではないかな、と思ってね。ちなみに127条にも「守護職《しゅごしき》」という表現があって、これは国質関係だからだね。

清水　「守護」という表現だけに着目すれば、10条に「守護の計らい」、78条に「守護使」が出てきますね。全部あげれば、9・10・78・127・131条ですね。

桜井　127条は「守護職」、131条は「守護所」とあって、このあたりはもしかしたら国質関係で国をまたぐ問題だから、あえて「守護」という表現をとったかもしれない。9条・10条はどこかの寺院の置文《おきぶみ》とかを丸写しした可能性はあるね。伊達の故郷の常陸国とか。もしかしたら、8条の「坊寺の事」も伊達と縁のあるどこかの寺院の寺院法みたいなものを参考にしたかもしれないね。

清水　たとえば、14条に「公方所《くぼうしょ》」という言葉が出てきますね。室町幕府や鎌倉府の祈願寺という意味ですが、はたして当時の伊達領に「公方所」がそんなにあるんでしょうか。調べてみたら、伊達五山といわれる東昌寺《とうしょうじ》が得宗《とくそう》の祈願所や室町幕府の安国寺《あんこくじ》にされているぐらいです。このあたりの表現も疑えば、疑えるかもしれません。

桜井　「坊寺の事」というのもあまり聞きなれないね。この事書は8条から15条にかかると勝俣注にあるから、このあたりはまとめて、どこかからもらってきた可能性はないのかな。9条だけ気にしていたけど、「坊寺の事」全体がどこかの寺院のものをもってきた可能性があるね。

清水　どうせこのあたりの宗教関係の条文はまえフリですから。稙宗のなかではそんなに気合いは入れてないですよ。

桜井　「御成敗式目」にならうなら、神社と寺院の条文は絶対なくてはならないので、使えそうなものを流用した可能性があるね。

清水　16条の刑事法あたりから本気を出した？

桜井　長さからしてもそうだね。8条から15条まではペーストしていそうだね。でも待てよ。15条はやけに具体的だな。ポケットマネーか寺のものかということだよね。これはオリジナルかもしれないな。

15 一　先々《せん〳〵》よりの寺領《じりやう》、時《とき》の住持《ぢうぢ》みだりに沽却《こきやく》せしむる事、余《よ》の所帯買得《しよたいばいとく》せしめ、かれは、わたくしに買得《ばいとく》のよし申、俗縁《ぞくゑん》の輩《ともがら》、又は寵愛《てうあひ》の人に譲《ゆづ》る事あるべからず。たゞし先々《せん〳〵》の寺領《じりやう》に手《て》を付《（つけ）》ず、時《とき》の住持福裕《ぢうぢふくゆう》のうへ、買地《かいち》をいかほどいたし候とも、その主《ぬし》のまゝたるべし。旦那《だんな》の競望《けいばう》あるべからざるなり。

清水　以前からの寺の所領を住職が勝手に売却することを問題にしている条文ですね。寺の所領を売って、そのカネでほかの土地を買って、それを「個人的に購入したものなんだ」と言い張って、親族やお気に入りの人に譲り渡すことはあってはならないという話ですね。寺の土地をそのまま私物化すると問題になるので、それを売却して、よその所に土地を買って、それを私物化するという、ずいぶん手のこんだマネーロンダリングですね。

桜井　「わたくしの買得だよ」っていうわけね。でもほんとうにポケットマネーで買ったのだったらOKという話だね。

清水　ここだけはずいぶん具体的な内容ですね。
桜井　15条は借り物ではなく、オリジナルかもしれないね。
清水　話を守護にもどしますけど、小林清治さんによると、そもそも稙宗は守護になりたくなかったんですよね〔小林清治 二〇〇八〕。稙宗はほんとうは奥州探題になりたくて一生懸命、室町幕府に交渉していたんですけど、奥州探題には大崎氏がいたから、それはかなえられなかったんです。そこでかわりに陸奥国守護に任命されたら、ヘソを曲げてしまって返礼もしなかったんで、逆に幕府を怒らせていますよね。でも、そのわりに「塵芥集」では、やたら「守護」の肩書を使っているので、まえからなんか変だなと思っていて。
濱　127・131条の守護は伊達家のことをいっているのですか。
桜井　このあたりは国をまたぐ国質の問題だから、伊達家の可能性もあるかなと思うよ。
清水　守護職補任をあまり喜んでいないわりには、国内的には「守護所だ」「守護職だ」と連呼するのは、図々しいヤツだなと思っていたのですけど、何かの借り物をもってきたのだとすれば、そこは説明がつくかもしれませんね。

地頭職権の先行法令はあったか？

桜井　そうだね。違和感がある表現だからオリジナルではないのかもしれないな。ほかになんとなくいやな条文はありませんか。古臭いとか違和感のある条文。言いまわしがちょっとおかしいな、古風だな、植宗らしくないなという条文だね。

清水　僕が思ったのは、「塵芥集」にはそれ以前の単行法令が少なからず混入しているのではないかという点です。「今川仮名目録」がそれ以前の単行法令は入れていないという言い方をしているのと対照的に、それ以前の単行法令がそのまま入れられていることをうかがわせるのが168条です。

168一　出仕《しゆつし》の輩《ともがら》、長鑓《ながやり》・靭《うつぼ》つけ、召連《めしつ》れべからず。しかうして鷹野《たかの》、又は他所《たしよ》へ供《とも》のとき、その身靭《うつぼ》をつけず、持道具《もちだうぐ》持《も》たせざる事、謂《いはれ》なきものなり。いまより後も、この掟に従《したが》ふべきなり。

勝俣注でも指摘されているのですが、168条は出仕の輩は長鑓や靭などをもち武装してはならない。ただ、鷹狩りや他所へ出かけるときは、きちんと武具をもってこいとあるのですが、わざわざ最後に「いまより後も、この掟に従ふべきなり」という断わり書きがついています。これはあきらかに異例です。そもそも「掟」という言葉はこの条文以外には使っていない言葉ですし、「いまより以後もこれに従え」と、わざわざここにだけつけているのは、どう考えてもよけいです。ここの部分は勝俣注の指摘のとおり、すでに別の単行法令として出されていたものを編さん時にそのまま採り入れてしまったのではないかと考えざるをえないですね。

桜井　たしかに勝俣注でも指摘されているね。書誌学的にみると、この条文はとくにあとから追加したものではなくて、いちばん古い段階からあることはあるんだけど、「掟」という表現がちょっと浮いているわけだね。

清水　「塵芥集」は最後のほうになると、かなり雑多で瑣末な内容が多くなって、ジャンル分けもきちんとされていない条文がならんでいますよね。稙宗は最後のあたりで「そういえば、あれもあった、これもあった」といろいろなものを放りこんでいって、そんななかで、この168条も入れられた可能性がありますね。

それと似たような事情をうかがわせる条文が83条です。「由緒問答の事」で、百姓職《しき》の相続問題に関しては、「地頭まかせのよし沙汰おはりぬ」とあるのです。これはどういうことですかね。すでに百姓の由緒問答については地頭の裁量に委ねてあるのだという言い方をしていますよね。なので、ここも地頭職権にかかわるとりきめが「塵芥集」以前になされていたということを意味するのではないかと思うのです。

桜井　この表現はそうだよね。「地頭まかせのよし沙汰おはりぬ」だから、いちどそういう裁判があって、地頭任せという判断を下してあるという意味だね。単行法令というか、いちどそういう判決を出しているということだね。

清水　地頭職権に関しては、「塵芥集」以前に稙宗はなんらかの基準を示しているんでしょうね。168条の「出仕するとき、靭はもってくるな」という条文は、ある種の礼式法ですね。それと債権債務関係は「蔵方之掟」を別につくっていますね。それと同じように地頭職権についても別のジャンルの法律を「塵芥集」以前につくっていた可能性はないのかなと思ったのです。

桜井　この「沙汰おはりぬ」が法令なのか、判決なのか、そのあたりは微妙だと思いますけどね。「塵芥集」以前にある判断を下していて、それがあるていど整備された法典の状態なのか、それともある具体的な事案での判決というかたちなのか、そこは幅があると思うけどね。

「惣成敗」の規定が少ない

清水　それと「塵芥集」には「惣成敗《そうせいばい》」に関する規定があまりないですよね。たしか78条にしか「惣成敗」という言葉は出てこないのですが、ここは第2期の編さんで挿入されている条文なので、最初の編さん段階ではその言葉すらなかったことになります。惣成敗の職務内容に関する規定が「塵芥集」の成立当初になかったというのは、どう考えるべきか。あるいは、「塵芥集」以前になんらかのかたちで惣成敗と地頭職権の関係を調整する立法をおこなっているのではないかなと思ったのです。だから「塵芥集」には惣成敗の規定がないのではないかな、と。

桜井　地頭領主法制定が「塵芥集」のまえにあって、その次に「塵芥集」ができたという流れなのね。

清水　そう考えたのです。

桜井　さきほどもいったように、「塵芥集」にない所務沙汰関係の法は「御成敗式目」をそのまま使っていた可能性もあってねぇ。でも、そうはいっても「式目」とダブった条文もあるよなあ。それはどういうことなんだろうね。「塵芥集」に載っていないものは「式目」を使え、というわけではかならずしもないんだよね。「式目」を丸写しした条文があるわけだからさ。だから所務法については、中世の法体系そのままだといったけど、そう単純な話ではないかもしれない。そうすると、惣成敗とか所務法関係などは、「塵芥集」以前に別の法があったのではないかということですか。

清水　あるいは「塵芥集」制定時には、すでに惣成敗と地頭との権限関係は慣習的、なし崩し的に調和がとれていたので、あえて成文化する必要がなかったのか。そうしたデリケートな問題は成文化すると、かえってカドが立つから盛りこめなかった、とか。

桜井　そうだねぇ。これは大きな問題ですよ。

清水　惣成敗は買地安堵状をみると、かなり早い段階で物権化している形跡があって、お寺とか女の人が惣成敗を安堵されているのですよ。

桜井　濱ちゃんは、このあたりで惣成敗について説明してほしいと思っているよ。（笑）

清水　あー、そうでした。（笑）すいません。惣成敗というのは、よく実態がわからないのです。伊達の領内に地頭がそれぞれの支配領域をもって点在しているわけですよね。その個々の地頭の支配領域は、それぞれの地頭の領主権に委ねられているはずなのですけど、稙宗は永正一三年（一五一六）を初見として、地頭の所領をまたぐ郡単位ぐらいに惣成敗という代官を設置しているのです。彼らは地頭の所領をこえて、段銭の徴収、つまり伊達家のふところに入ってくる収入分の徴収係をやっていたのではないかと思われています。

濱　惣成敗は地頭とイコールなのですか。

清水　イコールのばあいもあれば、全然関係のない人物が惣成敗をやることもあります。

桜井　惣成敗は「職《しき》」(役職が物権化して譲渡等が可能になったもの)なんですか。
清水　そうみたいです。お寺や女性がもっていたりするので、かなり早い段階で物権化しています。
桜井　78条の勝俣注には、惣成敗について「伊達領国下の郷・庄・郡単位に置かれ、検断・段銭徴収などを掌る職。九州の肥後地方にもみられる」とごく簡単に説明してあるね。
清水　検断をやっていたかどうかはわかりません。たぶん勝俣注は、九州の事例から類推したのだと思いますけど。惣成敗が実際になにをしていたのかという史料は、ほとんどないはずですね。
桜井　段銭徴収にかかわっているのは、確実なわけだね。
清水　おそらく…。
桜井　78条は所務関係の年貢収取の条文だからね。
清水　ふつう惣成敗みたいな存在は大名の専制化の過程で出てくるものなので、地頭の既得権と抵触するはずなのです。「塵芥集」では、そこらへんの権限関係を整理しているような条文がないのは、気になります。
桜井　惣成敗自体は、永正一三年(一五一六)が初見だから、かなり古いよね。そのわりに「塵芥集」に出てこないというのは、たしかに気になるね。
濱　読者のためにも78条を読んでくださいよ。
78一　所々《しよ〳〵》の地頭《とう》・惣成敗《そうせいばい》・守護使《しゆごのつかい》、地下人《ぢげにん》にたいし、年貢・諸々《もろ〳〵》の公事無沙汰《くうじぶさた》のよし、質取《しちとり》にをよぶのとき、百姓《しやう》らはやく質《しち》を渡《わた》すべし。然処《(しかるところ)》に地下人この旨《むね》を背《そむ》き問答《もんだう》にをよぶのうへ、時《とき》の仕合《しあはせ》により、百姓《しやう》を討《う》つ事あらば、被官《ひくわん》たりといふとも、法度《はつと》に背《そむ》くのゆへ、討《う》たれ候族《やから》の不運《ふうん》たるべし。如レ斯《(かくのごとき)》の子細《しさい》あらば、まづ〳〵質《しち》を相渡《わた》し、守護使《しゆごつかい》・惣成敗《そうせいばい》・地頭《ぢとう》申かくるところもし非分《ひぶん》たらば、其沙汰《さた》有べし。但其様躰《(ようたい)》によるべき也。

清水　あちこちの地頭や惣成敗や守護使が百姓に対して、年貢などを払わないからといって「質取り」におよぶ。「質取り」というのは、未納年貢のかわりに、相当額の金品や百姓の身柄などを差し押さえる行為のことです。そのばあいは、百姓たちはすぐに「質取り」に応じなさい。しかし最近、百姓たちはこの趣旨に背いて反論し、ばあいによっては、領主側が百姓を殺してしまうという事態もおこる。そういうときは、討たれた百姓が「被官」であったとしても、討たれた側の死に損である。もしこうしたことがあったら、まずは素直に質物を渡して、そのうえで守護使・惣成敗・地頭のいっていることが不当であると考えるのだったら、伊達家に異議申し立てしなさい。ただし、それもケースバイケースである。といったところでしょうか。

濱　守護使・惣成敗・地頭の職務は、どうなっているのですか。

清水　とりたてをするのは、彼らですね。

桜井　惣成敗の定義からすると、地頭が年貢で、惣成敗と守護使は諸々の公事を徴収するのだろうね。諸々の公事は段銭なんかも含むのかな。ここでも被官が出てきたね。

百姓身分の伊達被官

清水　このばあいの被官は、たいした被官ではないですよ。身分は百姓身分のはずですね。

桜井　百姓身分でも伊達の被官なのか、家臣の被官なのかという問題もあったね。

清水　伊達の被官だったら「御被官」と表記するとか、言葉を変えてくれればよいのですけど。条文には百姓の名子・被官をあらわす「被官」もあって、すごく紛らわしいですね。

桜井　百姓身分が伊達当主の被官というのはちょっと考えにくいけど、要するに、伊達からみて直臣の百姓と、陪臣の武士がいるわけでしょ。伊達との関係でいうと、百姓のほうが上？

清水　どんな百姓なんですかね。

桜井　いやあ、よくわからんな。

清水　ふだん植宗の草履とりやっているとか？　それとも実態はともなっていないのかな。「たとえ被官であったとしても」という仮定の話であって、実態として伊達直属被官の百姓がいるはずはないけど、いっているのかもしれないですね。

桜井　あるいは、土地制度上、伊達直属被官が百姓職をもっている可能性があるね。土地制度上、だれか別の地頭に年貢を納めるような「職」をもっていることもありうるな。

清水　伊達の被官が地主としてチマチマした百姓職を集めた。

桜井　そこに地頭がなにか賦課してくると、「おれは被官だぞ」といって拒む。

清水　畿内ならあっても不思議はないかもしれませんけどね。
桜井　東北の土地所有の重層性がどうなっているのかわからないけど。
清水　そこまで複雑なことが陸奥でおきていたかどうかですね。畿内ならあってもおかしくないですね。
桜井　とにかく、ここにポロッと惣成敗が出てきて、あとは出てこないよね。
清水　しかも78条は最初の成立段階ではなかった条文なのです。
桜井　だけど、たしかに所務法が少ない、年貢・公事関係の条文が全体的に少ないとなると、惣成敗はまさにそれにかかわる職だから、登場頻度が少ないのも当然かもしれないね。年貢・公事関係の条文が少ないという問題に回収されていくからね。
清水　関心がないのではなくて、問題として浮上していなかった。
桜井　浮上しなかったか、「塵芥集」とは別な法典がそれを担っていたか。
清水　「塵芥集」の力点はあきらかに刑事法ですね。
桜井　刑事法中心ですよ。
清水　そんなに深刻だったのかと思うほど、刑事法はあらゆるケースのトラブルをならべているじゃないですか。ひょっとしたら、所務に関しては、もっときちんとしたものがあって、それで「塵芥集」はその名のとおり、残ってしまったどうでもいい刑事法に関する規定をゴソッとまとめた。
桜井　塵芥の意味だよね。
清水　じつはきちんとしたものがほかにあったのかもしれない。

桜井　謙そんで塵芥だとかいっているのではなくて、ほんとうに塵芥だったかもしれないね。

清水　もっと気合いを入れた所務関係の法をばっちり決めていたとしたら、また位置づけは変わってきますね。

濱　所務関係は76条のほか、何条にあるのですか。

清水　百姓支配にかかわる条文は76条から83条で、あとは雑務沙汰ですね。

桜井　「塵芥集」の原典の問題にもどると、ほかに少し不自然に思われるのが135条。どうも言いまわしが古い。

濱　どういうことですか。

桜井　「改め沙汰に能はざるなり」とか「女子譲りの地」なんていうのは、鎌倉的な言い方でね。

清水　大時代的な言い方ですよ。そのくせ、知行の年紀は「二十一年」という中途半端さ。「御成敗式目」第8条には、二〇ヶ年をすぎて土地の占有をつづければ、その者の支配権が認められるという有名な規定があって、これは知行年紀法とか二〇年年紀法とよばれるのですが。この「二十ヶ年を過ぎる」という規定を稙宗は二一年の意味だと誤解しているのですかね。

桜井　「御成敗式目」を読んでいるから、たまにそういう表現を使いたくなるのかもしれないけれど、とにかく古い言いまわしがありますよね。あとプロト「塵芥集」についてほかにありますかね。

「塵芥集」の効力はあったのか

清水　話はちょっとちがいますけど、「塵芥集」で大きな問題は、なんといっても効力の問題ですよね。少なくとも「塵芥集」が適用された事例は、史料上ではひとつも確認されていないわけです。そもそもこの時期の伊達の文書が残っていないこともありますけど、じつは「塵芥集」は稙宗の自己満足で終わったものかもしれない。まぁ、それをいったら、分国法は効果を発揮したと考えないほうがいいのがほとんどなんですけど。

桜井　確認できるのは「今川仮名目録」だね。判決に引用されているね。

清水　「塵芥集」のばあいは、そういう事例はないですね。

桜井　狩人は道路から三里以内に入ってはダメだという法は、家臣を通じて周知されることを稙宗は考えていたのだろうけど、ほんとうにそういうことがやられていたのかどうかね。

清水　天文の乱で稙宗が晴宗に敗れて失脚しますね。そのあと通説的には「塵芥集」はどうも効力を失ったのだろうといわれています。その後、ずっと無視されていて、仙台藩の四代藩主綱村《つなむら》が「伊達治家記録《だてちけきろく》」などの藩史を編さんしていくなかで再発見されたようです。

桜井　稙宗が失脚しなければ、なんらかの効力をもちえたのか。そのあたりはなんともいえないところだね。

濱　稙宗がつくった「段銭帳」や「棟別日記」はひ孫の伊達政宗の時代にまで基本台帳として使われているると、小林清治さんはいってますね［小林清治 二〇〇八］。

桜井　そうすると、失脚のあるなしにかかわらず、「塵芥集」は忘却される運命にあったのかもしれない。

清水　『塵芥集』制定の六年後が天文の乱ですよね。かりに効果を発揮していたとしても、その期間はかなり短いものだったはずです。

そういえば、小林清治さんは、政宗時代の地頭権限を稙宗時代と比較していますね［小林清治 一九五九］。政宗は地頭が百姓を成敗することを禁止しているのですけど、『塵芥集』では、さっきみた78条などで地頭に反抗した百姓の成敗を認めていますよね。その事実をもとに、政宗段階では『塵芥集』の内容は完全に忘れ去られているか、乗りこえられているのだろうと説明されていますね。

濱　『塵芥集』は現代人が考える法律とは、ちがうものなの？

清水　そもそも成立した当初から、どこまで効力があったかわからないうえに、かなり早い段階で忘れ去られていたわけですよね。『塵芥集』にかぎらず、中世法の効力は現代の法律と同様に考えないほうがいいですね。

政宗とのつながりでいえば、『塵芥集』の写本のなかでもっとも良質な本である村田本（仙台市博物館所蔵）のなかの仮名に濁点《だくてん》があるのですが、それが三濁点なんです。ふつう濁点はいまと同じで二点打つところを、わざわざ三点打っているんです。これはどうも伊達家のローカル・ルールだったらしくて、政宗の初期の仮名文書でも三濁点が使われています。その政宗の三濁点が、ある時期を境に消えて、全国標準の二濁点に変わるのです。それが秀吉の朝鮮出兵に動員されて肥前名護屋《なごや》に在陣した文禄《ぶんろく》二年（一五九三）のときかららしいのです［佐藤 二〇〇三］。政宗はずっと稙宗のころからのローカル・ルールを信じていたんだけど、肥前名護屋で諸大名が集結している場に交わるなかで、「あっ、二つが正しいんだ。三濁点はウチでしかやっていなかったんだ」と気づいたんでしょうね。（笑）

桜井　濁点は一五世紀の世阿弥《ぜあみ》くらいからだよね。つけてくれるとありがたいけどね。

清水　稙宗は三濁点なんてどこで覚えたのでしょうね。さきに「塵芥集」を仮名で表現する意味について、公に流布する意図があったのか、それとも稙宗個人のリテラシーの問題なのかという話がありましたけど。小林宏さんはまったく別の理解で、稙宗は京文化へのあこがれがひじょうに強いので、「塵芥集」が仮名書きなのは、じつは仮名文学の影響をうけているのではないかといっています［小林宏一九七〇：第一編］。

「塵芥」なんていうのも、たしかに歌集のタイトルなんかに使われる表現ですよね。ちょっとオシャレな言い方で。稙宗としては王朝文化にあこがれて仮名を使ったのではないかといっていますけど、どう思いますか。そのわりには三濁点にしても、出てくる言葉にしても土臭いですよね。

桜井　ローカルな言葉だよね。

清水　けっしてみやびではないですね。

桜井　そうみやびな文体ではないね。ちょっと深読みなんじゃないかな。

清水　僕もそう思います。内容も全然みやびではないですし。

桜井　それにしても、これだけの条文が使われずに忘れ去られるというのは、ひじょうに悲しいね。起請文の花押《かおう》があったりなかったりしているけど、小林さんは、これをどういうことか説明していますか。

清水　その問題は小林さんではなく、『中世法制史料集』の解題で百瀬今朝雄さんが説明を加えていますね。稙宗がいくつも写本を用意して、目のまえで重臣たちに署判させて頒布したのだろうと。なかにはその場にいなかった人間もいて、彼らはサインしそびれて終わってしまった。ただ重臣たちの花押がついているのは、村田本だけらしいです。ほかの写本だと花押はないそうです。

桜井　村田本は、花押影《かおうえい》(花押の模写)の状態で残っているのですか。

清水　佐藤さんは原本だといっています。いま残っている写本から三段階で条文が増補されていることがわかるので、増補のたびに重臣たちに署判させて頒布したのですかね。稙宗時代には、いま残っている以上に、いろいろな伝本があったのかもしれない。

桜井　ところでさ、「塵芥集」の起請文をみると、塩竈《しおがま》大明神があるけど、どの神様に起請するかということをだれか書いている人はいるのかな。

清水　そういう研究はみたことないですね。

桜井　筆頭に塩竈が出てきて、次が当社西山八幡。

清水　塩竈は陸奥国の一宮《いちのみや》ですね。

濱　ほんとうは探題になりたかったのだけど、守護になったから一宮は外せないってことですか。この時期の伊達家と奥州探題の大崎氏は、どんな関係だったのですか。「塵芥集」を制定した天文五年に稙宗は大崎へ侵攻していますね。

清水　実力ではもう伊達氏が大崎氏を上まわっていたみたいですね。稙宗は永正一五年（一五一三）に左京大夫《さきょうのだいぶ》に任じられますが、それまでは左京大夫は大崎氏にしか許されないものだったようです。それで次に稙宗は奥州探題を望んだのでしょうけど、さすがに室町幕府も大崎氏を無視して探題職をすげ替えることはできなかったのでしょう。晴宗になってやっと探題になるんですよね。

桜井　探題にはなれなかったけど、陸奥国守護であっても、塩竈は立てたのね。

3 稙宗を悩ますさまざまな出来事

「塵芥集」は、神社法（1〜7条）、寺院法（8〜15条）、刑事法（16〜74条）、百姓支配法（76〜83条）、用水法（84〜91条）、売買法（93〜105条）、貸借法（106〜120条）、堺相論法（121〜123条）、下人法（141〜150条）といった、おおよそ関連したまとまりをもって条文が排列されている。ところが、151条以下になると、あきらかに相互に関連性の薄い雑多な条文がならべられるようになる。しかし、これらの瑣末な条文からも戦国社会のさまざまな局面をうかがうことができそうだ。ここでは、稙宗も分類に悩んだそれらの条文を読みとくことで、戦国時代の家族や女性の問題、稙宗の編さん姿勢などを考えてみよう。

同じ内容の条文が存在する？

桜井　プロト「塵芥集」に話をもどすけど、書誌学的にいうと、小林宏さんが三段階成立説を唱えていて、当初から存在する条文と、あとから追加された条文があるんだといっているけど、その議論とどうリンクするかはともかくとして、なにやら後半がおかしいでしょ。

清水　瑣末だということですか。

桜井　瑣末なものがならび出すよね。まえのほうに出たものがもう一回出たりするしね。150条くらいまでは下人関係がずっとならぶよね。151条くらいから追加法的になってくるようにも思うしね。科人成敗なんて、ずいぶんまえに出てきたのに、もう一回出てくるのは151条・152条くらいですかね。このあたりから少し排列が雑になってくるね。

清水　関連する条文の近くに挿入することも、やろうと思えばできたはずなのに、整理しなかったのですかね。

桜井　そのなかでほとんど同じ立法がされているね。121条と169条ですが、ほんとうにそれでいいかどうか、清水君に確認してほしいのですが。

清水　169条の勝俣注でも書いていますね。「121条が式目の直訳であるのに対し、同趣旨の立法をなしている」と。

桜井　169条は121条とまったく同じですよね。

清水　「非分の訴訟」なんていうレトリックまで同じで。これどうしちゃったんでしょうね。

桜井　これは案外、121条が丸写しでちょっと格好悪いから、差し替えようと思っていたのに、単純に両方とも伝わってしまったとは考えられないかな。稙宗が付箋《ふせん》にでも書いて、121条のところに貼っておいたのに、はがれてしまったとか。（笑）

清水　121条は式目の丸写しだけど、169条はちょっと考えて、自分の言葉で書いているということですか。

桜井　それともうひとつは、在所へ犯人が逃げこんださいに亭主に求められた対応が62条と171条ではちがっているという問題もあったね。やっぱり後半の151条以降がくさいと思うね。

密懐法

清水　それをいったら、162条と164条も同じことをいっていると思いません？　不倫関係についての処罰を規定している、有名な密懐法《みっかいほう》です。

162　一　人の妻《め》を密《ひそか》に嫁《とつ》ぐ事、男《おとこ》・女《をんな》共にもつて誡《いまし》め殺《ころ》すべきなり。

164　一　密懐《びつくわい》の族《やから》、本《ほん》の夫《をつと》の方《かた》より、生害《しやうがい》さするのとき、女《をんな》を助《たす》くる事、法《はう》にあらず。たゞし閨《ねや》におゐて討《う》つのとき、女房《ばう》討《う》ちはづし候はゞ、討手《うちて》越度《をつと》有べからざるなり。

162条は、密懐をしたら男女ともに殺害しなくてはならないという趣旨ですが、164条も密懐した間男を亭主が殺害するときは妻も殺害しなければならない、と同じことが書かれています。「閨（寝所）において討つ」云々はオリジナルですけど、あきらかに重複していますね。少なくとも164条があれば、162条はいらないはずですよ。

濱　閨で討つって、そんなことあったんですか。

清水　事におよんでいる場を押さえるという意味で、一種の現行犯のことだと思いますよ。密懐法については、勝俣さんがすごく緻密な論文を書かれていますね［勝俣 一九七二］。中世人というのは、なんにしても均衡を重視する人たちなんです。当時は妻敵《めがたき》討《う》ちといって、妻の不倫相手の間男を殺してもいいのですが、それなら一方の亭主側もなにかペナルティーをうけなければおかしいだろうと考えるんですね。そこで、亭主側は妻を失うことによってフィフティ・フィフティになるべきだ、と考えたのです。だから「塵芥集」でもかならず間男だけではなく二人をいっしょに殺しなさい、といっているわけです。

あと、もうひとつの問題としては、間男を殺害する以上は、不倫の事実が立証されないといけないという問題があります。たとえば、自分の妻にちょっかいをだしたという言いがかりをつけて、ただイヤなヤツを殺しているだけじゃないか、という嫌疑がつねにつきまとうのです。そこで、その現場を押さえることが大事になります。妻のもとに通ってきたところを襲うとか、事終って帰る途中で襲うのではなくて、あくまで現行犯で殺す。江戸時代以降になると、この妻も殺すというのと、現行犯というのが、妻敵討ちの二大ルールになるのです。分国法によっては、どちらかだけを採用しているものもありますね。損害の均衡を強調する立場と、現行犯という事実認定に力点をおく立場の両方があって、どちらを重視するかで、分国法にもバリエーションがあります。「塵芥集」は両方ですね。

桜井　勝俣さんの議論はそうですね。たしかに162条が原則なので、164条も原則に含まれてしまうのだけど、もう少し細かくいってみたくなったのかな。（一同爆笑）

清水　そんな感じですよ。ちょっと話はそれるのですけど、163条もまたおかしな条文ですね。

163 一　密懐《びつくわひ》の事、押《を》して嫁《とつ》ぐも、互《たがい》に和《やはら》ぐも、媒宿《なかだちやど》なくして、これあるべからず。かくのごとくの輩《ともがら》、同罪《どうざい》たるべきなり。

密懐に関しては、強姦《ごうかん》・和姦《わかん》を問わず「媒宿《なかだちやど》なくして、これあるべからず」と書いてあるのです。W・レールさんはこれを「媒宿以外で密懐をしてはならない」と解釈したうえで、この媒宿の性格について「媒宿だけは密懐が許されていた」と主張して、小林宏さんから批判をうけています［小林宏 一九七〇：三九二頁］。いくらなんでも、そんなことはないだろ〜、と思いますが。（笑）これはどう理解しますか。

桜井　ちがうよね。

清水　僕は、媒宿では宿主の目があるから、当然、密懐はおこりえないという前提で、こういう書き方になっているのかなと思ったのですが。

濱　媒宿って、いったいなに？

清水　男女が落ちあうラブホテルみたいなところでしょ。そういうところでは素性がばれてしまうから、ふつう密懐はないだろうということをふまえて、それ以外の場での密懐を禁止している。

桜井　そうなの？

清水　ちがいますか？「媒宿だったら密懐してもよい」という意味ですか。

桜井　強姦にせよ、和姦にせよ、媒宿でおこるだろう。だから媒宿も同罪だといっているのではないですか。

清水　あぁ、「これあるべからず」って、そういう意味ですか…
桜井　媒宿がなくては、強姦も和姦もできないだろうって。ちがうの？
清水　でも、かならずしもそんなことはないんじゃないですか。ふつう密懐って、間男が夫のいないあいだに留守宅に忍びこむパターンが多いですよ。「媒宿以外で密懐はありえない」といいきれますか。
桜井　文章としては、そんな意味じゃないの。「媒宿なくして、これあるべからず」だから、「だいたい媒宿がかかわっているもんだよ。だから、媒宿も同罪だよ」といっているのではないですか。実際にはそうではないけれども、理屈としてはそうなっているでしょ。
清水　和姦はいいのですが、強姦のばあい、媒宿を使います？
桜井　実態を考えるとおかしいけど、論理構成からすると、そう読まざるをえないんじゃないの。
清水　常識で考えるとおかしいですよ。
桜井　媒宿がなければ、強姦も和姦もないだろうと。
清水　そう読みますか…？
桜井　そうじゃないの？　そうでないと、「かくのごとくの輩」がなにを指すのかがわからないよね。媒宿を指さないといけないので、論理が強引なのではないですか。（笑）
清水　つまり、「媒宿なくして、これあるべからず」というのは、禁止を意味しているのではなくて、一般論をいっているわけですか。
桜井　媒宿があるから、こういうことがおこるんだ、ということなのではないですか。

濱　密懐がおこるってこと？

桜井　媒宿がなければ、密懐はおこらないんだと。和姦にはあてはまるかもしれないけれど、強姦の説明にはいかにも苦しいけれど、文章的にはそうなっているね。

清水　たしかに、そう読むほうがいいのかな。僕もいくらなんでもレールさんのように「媒宿では密懐してもよい」というルールがあるとは思えなくて。（笑）　そうか、そう読むのか。

濱　媒宿なんて、ほかの史料にもあるのですか。

清水　似たもので「中媒《ちゅうばい》」というのがありますね。男女間の婚姻斡旋、半分は人身売買のような感じなんでしょうね。鎌倉期の大友氏の「新御成敗状」に出てきますけど、都市的な犯罪とされています。

桜井　151条以降は、あとになってつけたしたような感じだね。そのなかでも密懐のことを忘れていたから、まとめたのかな。

清水　密懐法の条文は、すべてそう位置づけられそうですね。

桜井　162条から164条が密懐で、165条・166条が男女縁約になって、167条で夫婦諍《いさか》いになっているのは、これは連想だよ。

「女房を質に入れる」ことは可能か？

清水　男女の問題でいえば、118条には親が娘を売ったとき、娘のダンナがそれについて文句をいうのはダメだ、というのもありますね。

桜井　父権と夫権の問題だね。
清水　あきらかに父権のほうが優越する。
　勝俣さんから、いつか授業のときにうかがったことを思い出しますね。俗にいう「女房を質に入れる」という言い方がいつ成立するのか。そして中世において、それが現実に可能かどうか。（笑）勝俣さんは、女房を質に入れるのは中世では不可能だろう、とおっしゃっていましたね。それは、そういうことをしたら女房の実家が絶対に黙っていないからだと。あくまで中世では夫権よりも父権のほうが優越するんですよね。
桜井　勝俣さんは、夫婦別財だといっているよね。夫婦は最後まで他人なんだよ。
清水　妻は嫁いだあとも実家を代表している存在であって、戦国大名の政略結婚でも、女性は外交官みたいなもので、嫁ぎ先の領国のなかで他国を象徴する人間であると。
桜井　夫が妻を質に入れることはできないね。
清水　できるとすれば、それは彼女の父親だけですか。
桜井　そこにいくと、父系制になってしまうんだよね。
清水　166条では、娘の結婚のときに父親が約束してきた男と、母親が約束してきた男が対立したときは、父親の約束のほうが優越するといってますね。
桜井　最終的には父系になるんだけど、父系というのは、時代が浅いよね。近世のものだよ。だって、娘のために父親と母親が婿を見つけてくるわけでしょ。もし父権が確立していたら、母親が家で待っていて、父親がふさわしい婿をみつけてくるはずだよね。でもそれぞれが探してきて対立するというのだから双方制的だよ。

清水　古代～中世の摂関政治や執権《しっけん》政治って、その発言力の由来は外戚であることにありますよね。室町の日野家もそうだし。そうして母方の所縁のものが当主の政治に対して口を差しはさむというのは、母系制的ですよね。でも日野家のころになると、そうした傾向は少し弱まるんでしょうね。日野富子《とみこ》みたいな例外的な人物は除いて。やはり桜井さんがいったとおり、そのころまでは双方制的で拮抗しているんですよ。

桜井　それが拮抗しなくなるんだね。

清水　江戸幕府や戦国大名で、外戚が当主の政治運営に横やりいれるとか、実権を握るというのは、ほとんどありませんからね。やはり、そこには大きな転換がありますね。この条文についても、そもそも父系制が常識になっていれば、わざわざお母さんが娘の結婚相手の世話を焼く必要はないですし、父方と母方の意見が対立することもないですね。

桜井　父方・母方が対等なんだね。

清水　それに対して、稙宗の判断としては父系制にシフトせよということですか。

桜井　でも絶対的ではないよね。

清水　167条の夫婦喧嘩もおかしな条文ですよ。

167 一　婦《め》夫《をつと》闘諍《いさかひ》の事。その婦《め》猛《たけ》きにより、夫《おつと》追《を》い出《いだ》す。しかるにかの婦《め》、夫《おつと》に暇《いとま》を得《え》たるのよし申、改《あらた》め嫁《とつ》がん事をおもふ。その親《おや》・兄弟《きやうだい》、もとの夫《おつと》の方《かた》へ届《とゞけ》にをよばずして、かの婦《め》、夫《おつと》を改《あらた》む。いま嫁《とつ》ぐところの夫《おつと》・女《をんな》ともに罪科《ざいくわ》に行《をこな》ふべき也。たゞし離別《りべつ》紛《まぎ》れなきにいたつては、是非《ぜひ》にをよばざるなり。しかるに前《まへ》の夫《をつと》、なかばは後悔《こうくはひ》、なかばはいま最愛《さいあひ》の夫《をつと》に遺恨《いこん》あるにより、離別《りべつ》せざるよし問答《もんだう》にをよぶ。暇《いとま》を得《え》たる支証《しせう》まぎれなくば、まへの夫罪科《おつとざいくわ》にのがれがたし。

女性史の研究ではよく使われている史料です。夫婦の喧嘩に関しては、女房のほうがひじょうに猛々《たけだけ》しくて、夫を追いだすことがある。ところが、追いだした女房が夫から離婚の許可を得たんだといって、再婚しようとする。そのときに女房の親・兄弟も、元夫に許可をとらずに女房を再婚させてしまう。そういうばあいは、嫁ぎ先の夫も、嫁いだ女房もともに処罰対象となる、というわけです。そのあとですよ、変なのは。ところが、ほんとうは離婚が成立しているのに、別れた夫がやっぱり妻のことが好きだったと後悔したり、あるいは女房をとられた新しい夫に怨みをもって、「離婚は成立してない」と訴えることがある。そのばあい、離婚が成立しているという証拠があるのだったら、前の夫の言いがかりは処罰に値する。

こんな詳細なシチュエーション説明、法律のなかで必要ありますか？

桜井　「その婦猛きにより」というのが必要なのかどうかね。（一同爆笑）
清水　きっとなにかモデルになったストーカー事件があったのでしょう。
桜井　これがまさに判例的というか、「塵芥集」がほんとうに遡及効果を認めていないのかどうかというまえの議論ともからむんだけど、実際に目のまえでおこっていたことをそのまま書いているよね。
清水　具体的な実例があったとしか思えない。
桜井　まったく抽象化・一般化せずに、ありのまま書いたんだね。
清水　三面記事的なエピソードを書いてくれていますよ。また、この夫も情けない…。
桜井　やっぱりなにか訴訟があったのだろうね。
清水　こういう裁判が実際にもちこまれたのではないですか。戦国大名は、こんなことまで処理しなくてはいけないのか。たいへんな仕事だ。

虚言と近道で追放刑は厳しすぎ
桜井　またプロト「塵芥集」の話になるけど、159条もたぶんそうだね。

159　一　使虚言《つかいそらごと》の事。侍《さぶらゐ》におゐては、所帯を闕所《けつしよ》すべし。所帯《しよたい》なくば、他国させべきなり。以下の輩《ともがら》は、其身を召誡《めしいまし》むべきなり。

清水　侍と凡下《ぼんげ》の区分にこだわるあたりは、妙に「御成敗式目」っぽいですね。「使虚言」はなんでしょうね。使者がたんにウソをつくことなのか、使者だと騙《かた》って詐欺をはたらくことなのか。フロイスの『日本史』を読んでいたら、豊臣秀吉の留守中の大坂城に一人の僧侶が秀吉の書状をもってあらわれて、喜捨《きしゃ》をねだるという話が出てくるんです(第1巻二九六頁)。結局、その僧侶のもっていた秀吉の書状は偽物で、いくばくかの金銭をねだるために使者のふりをしたということなんですが。そういう使者を騙る詐欺の可能性もありますね。

桜井　でも、伊達が所帯を闕所できるんだから、伊達の家臣がしたことではあるよね。もしかしたら、先行法令があるかもしれないね。いや、やっぱりそんなのないか。「使虚言」はいかにも稙宗に似合っているのだけど、「侍におゐては」が似合っていないんだよ。前半は稙宗的だけど、後半は「式目」的でね。

清水　変に厳密ですよね。所帯のある侍と、所帯がない侍と、「以下の輩」の区分が。

桜井　その短い「使虚言」だけが稙宗だよ。後半は「式目」だね。

濱　「式目」に「使虚言」はあるのですか。

清水　ないですよ。でも、侍と凡下を分けるのは、鎌倉法以外にはありえない。

桜井　稙宗のときには、「凡下」は死語になっていると思うよ。

清水　「塵芥集」でも「凡下」という言い方は使わないかわりに、「以下の輩」といいますね。これは、やはり「凡下」という表現が死語になっているからですかね。でも、地下人が被官になったり近習になったり、身分関係がめちゃくちゃになっている戦国の段階で、侍と「以下の輩」という区分に、はたして意味があるのかどうか。

桜井　そこが「式目」的な世界でね。

清水　侍・凡下の区分へのこだわりは、直前の158条のあたりからみえますね。

158

一　直路《すぐみち》の事、あひとめ候道《みち》押《を》し破《やぶ》り通《とを》る事、侍《さぶらゐ》にいたつては、出仕《しゅつし》を罷《や》められ、以下のものたらば、追《を》い払《はら》ふべきなり。

ふさいである道を押し破り、近道をしたばあいは、侍は出仕停止、以下の輩は追放刑。近道の禁止というのも変な話ですね。そのわりに量刑を侍と以下の者に区分したり、どうして、ここだけ思い出したように分類したのだろう。しかも、その罪の内容が近道って。レベル低すぎですよ。

桜井　158条はわからないね。こんなのは陸奥国守護が決めることじゃないよね。立小便するなといっしょだよ。(笑)

清水　138条の人の家を壊して薪にしてはダメだとか、ましてお寺はダメだとか。それは常識だろうって話ですよね。(笑)

桜井　158条は「私道につき立ち入り禁止」だよ。

清水　その流れで「使虚言」なんて、また瑣末な罪が出てきて。しかもそれも侍と以下の輩なんて区分をしている。瑣末だからこそ、逆に大仰《おおぎょう》な罰を規定しているのですかね。158条を書いていて、「御成敗式目」に侍と凡下という区別があることを思い出して採り入れて、さらに159条では細かく、所帯のある侍と、所帯のない侍と、以下の輩に区分したということ?

桜井　159条は、三身分に分けているけど、158条は二身分にしか分けていないね。

清水　ほとんど意味のない区分じゃないですか。この区分が直路と使虚言の罪の内容に対応しているとは思えないですよ。

桜井　直路は所帯の闕所まではいかないんだよね。

清水　そうかそうか。使虚言はゆゆしき犯罪だから所帯の没収まで問題になるけど、直道はそこまではいかない軽犯罪なのか。

桜井　所帯をもってようがもっていまいが、「出仕を罷められ」になるからね。

清水　それで159条は所帯がなければ追放で、以下の輩だと「召誡」で、沙汰所かどこかに拘置してしまうんですかね。でも戦国時代に拘禁刑なんてそんな面倒なことをしますかね。

桜井　それはおかしいね。158条の近道を通っただけで追放されるのは重いね。

清水　ひどすぎると思いますよ。「私道につき立ち入り禁止」を違反しただけで、追放されてはたまらんですね。

桜井　「追い払ふ」だからね。重いね。

清水　そうしたら「成敗」と同義じゃないですか。158条も159条も身分規定の細かさのわりに、やっぱり量刑が現実的ではないですよ。
桜井　そうだよねぇ。
清水　ふぅ～、もう一泊しますか…。

Ⅳ　戦国大名の夢のあと

～伊達稙宗と桑折西山城～

1　伊達家の本拠西山城を訪ねる

第Ⅳ章では、現地調査をふまえて、伊達家の支配拠点や支配領域について考える。対談の締めくくりは、稙宗の居城であった桑折西山《こおりにしやま》城跡の巡見である。桑折西山城は、現在の福島県桑折町万正寺《まんしょうじ》にあり、ＪＲ桑折駅から徒歩二〇分ほどの場所にある。天文元年（一五三二）、稙宗は居城を梁川《やながわ》城（福島県伊達市）からここへ移し、以後、天文一七年（一五四八）、天文の乱の勝者となった晴宗が居城を米沢城に移すまで、伊達氏の本拠となった。稙宗が「塵芥集」を執筆したのも、この城である。現在、城跡になにも建物は残っていないが、市街地の桑折寺の山門は、西山城の城門が下げ渡されたものという伝承がある。「塵芥集」を片手に、この城跡を訪れることで、いったいどんな史実がみえてくるだろうか？

西山城訪問前の準備

清水　明日、西山城跡を見に行くまえに、西山城のことについて書かれている条文がひとつだけあるので読んでおきますね。少し変わった規定で、落とし物の話です。

71 一 道《みち》のほとりにて見つけ候拾物《ひろいもの》丶事、西山《にし》の橋《はし》もとに札《ふだ》をたて、かの落《おと》したるもの丶色品《いろしな》を、紛《まぎ》れなく申出《い》で候輩《ともがら》に、返し渡《わた》すべき也。しからば十分一の礼《れゐ》をいたし、うけとるべき也。もし又見付候もののながく拘《かゝ》へ置《を》くに付ては、罪科《ざいくわ》たるべき也。

道のほとりで見つけた拾い物・落とし物に関しては、「西山の橋もと」に札を立てて、その落とし物の特徴を紛れなくいってきた人間に返してあげなさい。そうしたら、もとの持ち主は拾ってくれた人に一〇分の一のお礼をして、それをうけとりなさい。けれども、もし拾ったくせに、札を立てたりせず、ずっと自分のもとに長く抱えおいて、やがては自分のものにしてしまうのはけしからん、という規定ですね。

ふつう中世の落とし物は、それほど真面目に届ける人はいないのではないかと思うので、この法がちゃんと守られていたとは思えないですね。勝俣注にもありますけど、「板倉氏新式目」にも、似たような落とし物の規定があるのです。ただ「板倉氏新式目」では、取得時効の規定があって、札を立てて三日間、落とし主があらわれなければ、拾った人のものになるとあります。けれど、71条には取得時効の規定がない。ですから、拾った人はいったいいつまで札を立てていればいいのかわからない。そういう法律としては少し不備がある点からも、僕はこの条文の実効性については疑問があるんです［清水 二〇一三］。

でも、この条文のなかでおもしろいのは、その落とし物を告知する場所が、「西山の橋もと」だというところなんです。基本的に落とし物をめぐるトラブルは公権力が関与するというより、当事者間ですませていたはずの中世社会にあって、わざわざ自分の城の橋もとに札を立てて、コミュニケーションをとれといっているのは、ちょっとお節介で、稙宗の自意識としてはおもしろいと思うのです。落とした人と拾った人がコミュニケーションをとる場所として、大名の居城の付近を指定することで、両者のあいだにシンボリックなかたちで介在しようとしているんでしょうか。「万民の助け」とか「民をはごくむ道理」といった公共的な問題に意を用いた戦国大名らしい発想だと思います。

そこで気になるのが、「西山の橋もと」の場所はどこかです。ふつう高札《こうさつ》を立てるのは人通りの多いところのはずですが、絵図をみてください（巻末290ページ参照）。この絵図は、「塵芥集」を再発見した四代藩主綱村《つなむら》が伊達家の来歴を調べるなかで、江戸のはじめの延宝《えんぽう》三年（一六七五）につくったもののひとつで、当時の西山城周辺の様子が描かれています。

戦国の城はいわゆる城館と町場が一体化していなくて、二元的な構造になっているという小島道裕《みちひろ》さんの有名な指摘がありますが、ここ西山城も例外ではありません［小島 二〇〇五］。東のほうに桑折の町屋が街道沿いに広がっていて、それと城館とのあいだにはかなりの距離があります。城館に町屋が付属していないのです。

城と町屋のあいだには「ウブガ沢」という川が流れていて、これをまたがないと城に行けないようです。となると、おそらくこの川に架かるのが「西山の橋」で、西山城の大手門みたいな位置づけのところに橋があったのかなと思うのです。行ってみないとわかりませんが、この場所がどういう立地なのか、気になるところです。町屋で暮らしている商工業者にとって「ウブガ沢」という場所は、日々目にするような場所なのかどうか、です。

桑折町が作成した小字図「桑折西山城略測図」をみると、「明星坂」から入っていって、「大手口」で「ウブガ沢」を渡る場所があるので、このあたりが「西山の橋」かもしれません。ただ、その先はすぐ城館ではなくて、小字で「坂町」とか「化粧道《けしょうどう》」といった地名があります。この「化粧道」については、『日本城郭大系』(新人物往来社)では、側室の名前でもある中館《なかだて》につづく道であり、傾斜もゆるやかなので、「城中に仕えた女たちの通い道の意味ではないか」と説明されています。でも、中世史研究ではもはや常識ですが、「化粧」地名は、石井進さん以来、「都市的な場」につけられる名称であるとされています〔石井 一九八四〕。この場所は、桑折の町屋とは離れているのですけど、それとは別に、もしかしたら城の麓のところに「坂町」や「化粧道」という地名として痕跡が残る、根小屋集落みた

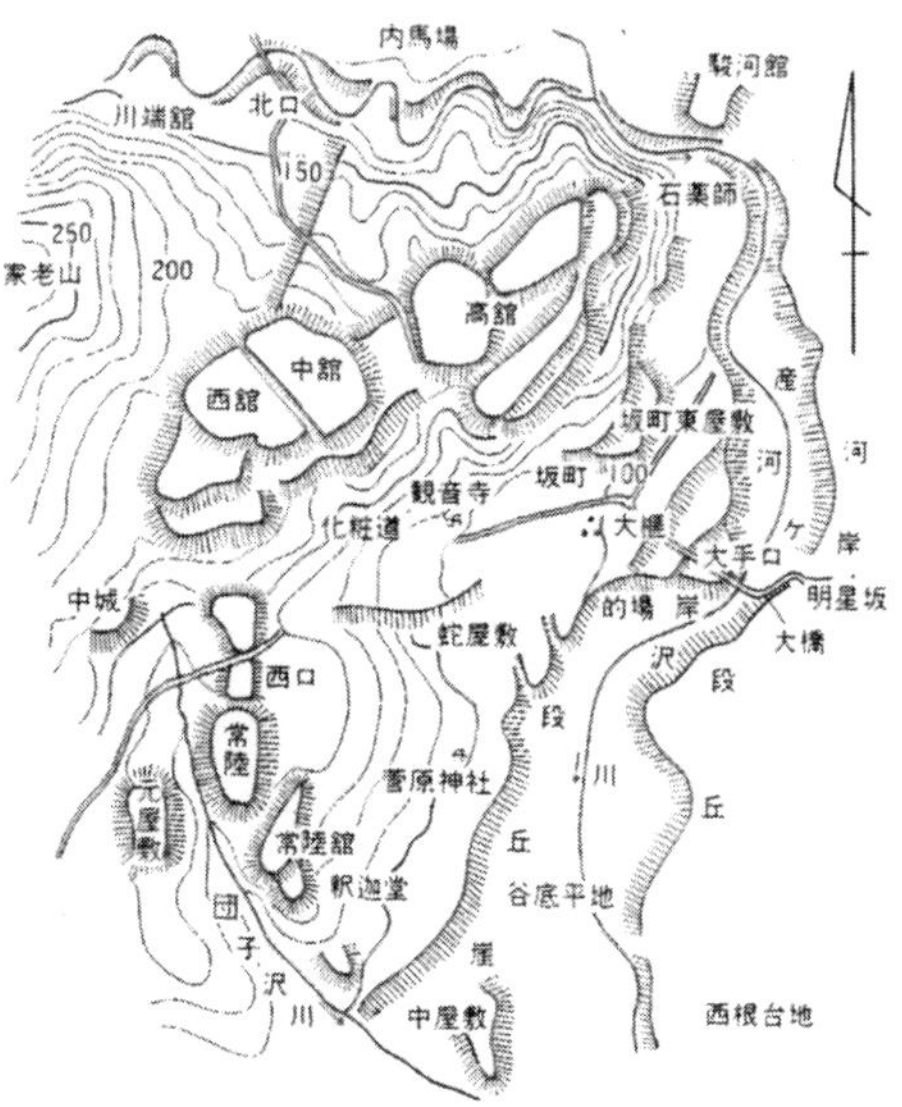

桑折西山城略測図(桑折町教育委員会 1992)

いなものがあったのかもしれない。

桜井　小島さんのいう直轄商工業者の住む場ということね。

清水　まったくの地名からの思いつきなんですが。

それともうひとつ気づいたのは、延宝絵図をみると、城の郭に「大館《おおだて》」「中館《なかだて》」「御隠居館《ごいんきょだて》」といった名称が書き加えられているのですが、その周辺にも「常陸館《ひたちだて》」や「蔵人館《くろうどだて》」「駿河館《するがだて》」といった地名が確認できます。小林宏さんによれば、このほかに現在の桑折駅付近にも「富塚館《とみづかだて》」とか「近江《おうみ》館《だて》」といった地名が残っていたそうです〔小林 一九七〇：四九頁〕。おもしろいことに、こうした地名と、「塵芥集」の末尾に連署している評定衆たちの名前があるていど重なるのです。「常陸」は中野常陸介宗時《むねとき》、「駿河」は峯《みね》駿河守重親《しげちか》です。「富塚」や「近江」は富塚近江守仲綱《なかつな》がいます。「蔵人」というのはいないのですが、似たような名前を探せば、伊藤大蔵丞宗良《むねよし》なんていうのがいます。この時期、伊達家において配下の者たちの城下への集住がどこまですすんでいたかわかりませんが、こういった地名からすれば、案外、稙宗は城下の家臣団の集住にあるていど成功していたのかなと思わせるところがある。

天文の乱と父子敵対

桜井　滋賀県の観音寺城（戦国大名六角氏の居城）みたいじゃないですか。中野や峯の伊達家中での位置づけは、どうなっているのですか。

清水　中野宗時は最大の実力者ですね。晴宗を焚きつけて謀反をおこした張本人です。
桜井「塵芥集」の起請文に花押をすえている家臣たちは、きっと頻繁に出仕していたのだろうね。「蔵方之掟」に花押をすえているのは金沢宗朝《むねとも》だけがちがうけど、ほぼ一致しているでしょう。
清水　この花押の有無と天文の乱のときに晴宗方についたのとが、対応していたらおもしろいですね。花押をすえていない中野宗時は稙宗を裏切りますからね。いや、でも稙宗方について没落した金沢宗朝は、花押はすえてませんね。万年斎長悦《まんねんさいちょうえつ》は連歌師《れんがし》猪苗代《いなわしろ》氏を出自とする男で、彼も稙宗派として没落しますが、やっぱり花押はないですね。逆に富塚仲綱は花押をすえていますが、稙宗方として戦死しています。う〜ん、花押の有無と、稙宗派・晴宗派はあまり関係ないようですね…。
天文の乱のときには、家臣団のほとんどが晴宗について、近隣の領主たちは稙宗を舅《しゅうと》としていたので婿舅の関係で稙宗方についたといわれています。稙宗は家中では総スカンだったのでしょうかね。すごく義理堅い三人くらいが稙宗にくっついてきた感じです。
濱　稙宗から家督を継いだ晴宗は、米沢に本城を移しますね。
清水　晴宗が米沢に城を移すのは、西山城が稙宗時代の象徴だったからでしょうか。家臣たちを城の麓に住まわせ、落とし物の立札は城の入口に立てさせるような稙宗の過剰な自意識の象徴が西山城。
桜井　なんか稙宗の印象が悪いね。（一同爆笑）
清水　あえて西山を捨てて米沢に移るのは、悪しき時代をリセットしたいというのがあったのではないですか。

桜井　稙宗は、なにがダメだったといわれているの。天文の乱の理由はすべて悪政？　大半が晴宗につくわけだよね。

清水　晴宗との親子仲という問題ではなくて、斎藤道三《どうさん》や武田信虎《のぶとら》と同じパターンで、あまりに専制的であったために家臣たちに離反されたというのが真相ではないですかね。ひ孫の伊達政宗も、回想録のなかで稙宗のことを「日ごろ御手当悪《おてあてあ》しくして、家中ことごとく恐怖《けふ》をもち、御《お》うらみ申す人かぎりなし」（「木村宇右衛門覚書」）といっていますね。恩賞も与えず、恨まない人はいなかったというのです。

近世につくられた歴代伊達家当主の肖像画でも、稙宗の肖像（カバー参照）はかなり武闘派のイメージとして造形されています。その後の伊達家では、少し困ったお爺ちゃんとして語られていたのでしょうか。しかも越後守護の上杉家まで乗っとろうという拡大路線に、僕は斎藤道三や武田信虎と同じ匂いを感じるのですけど。

桜井　清水君は稙宗に厳しいな。（一同爆笑）　かなり改革を急ぎすぎたのかもしれないという気はするけど。いろんなことを一人でやって、あまりにも急激な改革が反発を招くというありふれた説明だけどね。

清水　そんな気はしますけどね。ダメですか？

桜井　父子《ふし》敵対は大名ではよくあることでね。父子敵対もわかりにくいことで、ふつうは息子につくほうがどう考えても有利なんでね。だいたい息子が勝つでしょう。別な家督候補者がいるのであれば別だけど。

清水　武田信玄と義信《よしのぶ》は、親父が勝って息子はつぶされてしまいますね。

桜井　義信は根まわし不足か情報漏れでしょうね。豊後の大友氏でも父子敵対の「二階崩れ」があって、息子にかわるよね。圧倒的に父子敵対は息子有利だね。たぶん親父が改革派だと、息子は守旧派に丸めこまれるという構図になるのではないかと思うね。伊達政宗の回想にあるような面もあったのだろうけど、だけどそれは政宗が晴宗派に言い聞かせられて育ったのだろうからね。だからちょっと、稙宗が可哀想じゃないかと思ってね。（一同爆笑）結局、勝者の言い分しか残らないから。

清水　稙宗の言い分や彼の人柄は、やはり「塵芥集」から復元していかないと危ないですかね。

桜井　歴史研究に感情をもちこむのは禁物だけど、「塵芥集」をみていると、いろいろ細かいことをあれこれいう人間だとは思うけど、そんなに悪い人なのかな。色におぼれるような人にも思えないしね。やはり改革路線をあまりにも急ぎすぎて失脚したとみるほうがいいんじゃないのかな。女性問題が失脚の原因となるほど極端だったとは思えないよね。

清水　もちろん、女性問題は主要因ではないですけどね。桜井さんは「塵芥集」のかわいらしいまちがいのところや、不統一なところとか、ちょっと愛すべき目線でみていますよね。

桜井　細かいことをいうくせに、わりと脇が甘いところはなんとも愛嬌《あいきょう》があるね。

濱　話は尽きませんが、そろそろ夕食の時間ですし、明日に備えて、露天風呂でまったりしましょう。

「西山の橋」を見つけた！

——巡見終えて、福島駅前の居酒屋にて——

濱　西山城と梁川城の見学、お疲れさまでした。（一同、乾杯！）ほんとうは福島県の飯村均さんに同行してもらう予定だったけど、都合があわずに残念でした。でも観音寺のご住職の息子さんにていねいに説明していただけたのはよかったですね。半日かけて昼飯も食わずに現地を歩きまわってみて、なにか発見はありましたか。

清水　最大の成果は、「西山の橋」の場所がわかったことですよ。いまの中観音寺橋（写真）。

桜井　わかったって、いっていいのかね。（笑）

清水　でも、産ヶ沢川を渡って西山に行く場所は、いまあそこしかないですよ。川を越えた先は字「上之町」「坂町」、その先に「化粧道」。

桜井　「西山の橋」は71条だね。「塵芥集」との関係では、この橋を確認することがひとつのポイントだったわけだよ。その「西山の橋もと」とは、さて、どんな空間だったのか。

濱　条文を読んでいたときは、町場に近いイメージでした？

桜井　人通りの多い、高札場のような印象をもっていたけど、全然そうではなくてね。城と町屋が離れ

中観音寺橋

ていたね。

清水　僕が最初に考えたのは、桑折の町屋ではなくて、城の麓にある根小屋集落的なところに集住している人たちのための、高札場かなと思ったのですけど。肝心の場所は、行ってみたら区画もわかりにくかったし、根小屋集落といえるほどのものはつくれなさそうなスペースでしたね。

桜井　そうね。「坂町」や「化粧道」の地名からして、町屋があったのかもしれないと予想したけど、現地をみると、それほどのスペースはないね。そうなると根小屋集落の住人向けというより、桑折の町屋向けの法令になるかなというのが現地をみた印象だね。

清水　そうなると、町屋から西山城までは一キロくらい離れているので、町屋の人はなにかのついでというより、わざわざ城に近づいて行かなくてはいけない。町屋の人からすると、城は主従制の空間で、ちょっと異界なんでしょうね。そこにわざわざ札を立てに行かなければいけない。というか、稙宗からすれば、来させることを意図していたのではないかな。

現地で桜井さんもいってましたけど、「西山の橋」という言い方は、そもそも西山に居住している人間に対しては、そんな言い方はしないですよね。そこには、あきらかに読者として西山外の人が想定されていますよね。どちらかというと、商業地域としての桑折の町屋があって、そこの人たちを城の麓まで呼びつけるという感じですね。

桜井　橋よりも城側には、おそらく町人は住んでいないね。「坂町」とか地名はあるけど、家臣団の居住地かな。

清水　たぶん伊達家の直属家臣のスペースですよ。

桜井　この橋より内側はもう城のなかだね。その城のなかで落とし物があるというトラブルは考えにくいね。延宝絵図の「ウブガ沢」をみると、城の堀としての機能をはたしていたようにもみえるね。

清水　そうですね。城の内と外は、この川が境界なのでしょう。

桜井　西山の橋は、町人たちがいちばんお城に近づける限界地点で、落とし物があれば、そこまで見に行かなくちゃいけない。

清水　拾った人も札を立てなくてはいけないけど、落とした人がよほど大事なもので、気になるところがあったならば、西山の橋に出むけば、ばあいによっては札が立っているかもしれない。そんなことを期待させようとしたのですかね。

桜井　そんな気がするね。ところで、城へのぼる道はどうなっているのだろうね。

清水　聞きとりをしてみたところ、「化粧道」は特定の道を指すのではなくて、現在では一定の範囲を示す地名として使われているみたいですね。いまの本丸にむかう道なのか、西館にむかう道なのか、どっちが「化粧道」なのか、観音寺さんの話だけではわからないですね。いまの「化粧道」は本丸にのぼる道沿

化粧道から本丸にむかう二人

いにあるけど、中世の根小屋集落みたいなものを想定するとすれば、谷の奥にむかってゆく、西館《にしだて》にむかう道が「化粧道」であるほうが話はきれいなんですけどね。

桜井　「化粧道」という地名は城内に似つかわしくないね。僕は「化粧道」の地名にすごく違和感があるんだよ。天文《てんぶん》ころまでいくのかね。「化粧道」は正面にあるね。「化粧道」なら側道みたいなところにあって欲しいよ。正面に「化粧道」があるのは不似合だよ。城づくりの計画のはじめの段階にはなくて、何十年も使いこんでから自然発生的にできるというのならわかるけど、使用期間が短いからね。この違和感はなんでしょうね。

清水　『日本城郭大系』では、中館が側室の名前で、中館につながる道だから化粧道ではないかと説明されていますね。ただ、石井進さんの説からすると、「都市的な場」の境界の意味あいで考えたいですね。

桜井　中世都市鎌倉の化粧坂《けわいざか》だよね。西山城は公式には存続期間が短いことになっているでしょう。それなのに化粧道なんて地名がつくのは、なんとも違和感があるね。

西山城を歩く

濱　その違和感は、お城にのぼった感覚としてもありましたね。

清水　現在「本丸」といわれている場所はたしかに広いけど、見晴らしでいうと、中館がいちばんいいところにありましたね。しかも、中館の東端からは麓の「西山の橋」もみえて、中館で植宗が「あっ、

落とし物はここにもってこさせよう！」と思いついたという桜井さんのストーリーはおもしろいですよ。（笑）

桜井　あの場所からでないと、橋はみえないんだよね（写真）。

清水　本丸から橋はみえませんでしたね。また中館からは桑折の町屋もお見通しだし、阿武隈《あぶくま》川を挟んで梁川まで見通せますから、ロケーションは最高ですね。その郭の名前が植宗に寵愛されていた側室の中館と同じというのも意味深です。

桜井　植宗は中館で「塵芥集」を書いたとしか考えられないね。（笑）本丸ではなくて、若い側室の中館殿が寝息を立てる横で、ここからみえるところに落とし物の札を立てておけばいいと思いついた。城に近づく人の姿は、町人が落とし物を探すだけでなくて、あの場所からかならず見通せるわけだよ。谷があいだに走っているからみえるんだな。

清水　延宝絵図では、いまの本丸は「大館」と書かれていて、その隣りが「中館」、そのまた隣りの現在、西館とよばれている郭には「御隠居館」と書かれていますね。さらに麓の観音寺さんの山号が「西館山」なのです。

桜井　中館山ではなくて、西館山なんだよね。なぜだと思う？

中館からの遠景

清水　「西館」がシンボリックな名称なのでしょうか。観音寺の背後は中館なんですが、それなのに「中館山」とはいわないで「西館山」といっているのは、「西館」がその後の歴史のなかで象徴的な意味あいがあったのでしょうかね。

桜井　西館は絵図では御隠居館か。

清水　御隠居館といわれている西館を山号にしているのですね。西館には妙な石塁がありましたね（写真）。

濱　あの石塁は飯村さんの話だと近代以降のもので、西館に畑をつくるとき、邪魔《じゃま》になった石を積んだものだそうです。

清水　そうなんだ。でも、従来いわれている本丸は、歩いた感じではそれほど求心力をもっていなくて、中館・西館のほうが求心力をもっている構造のような気がしますけど。

桜井　中館は大きいし、中館からしか西山の橋はみえない。橋のある場所は、町屋にむけた唯一の城の入口だからね。その場所が中館からみえるんだよ。飯村さんからなにか聞いた？

濱　飯村さんの見立てだと、いまみえる西山城の遺構は伊達の段階ではなくて、記録にはないけど、上杉氏が越後から会津に移封（慶長三年・一五九八）したあとに改修した可能性が高いとい

西館の石塁

うのです。陸奥南部には神指《こうざし》城や向羽黒山《むかいはぐろやま》城なんかでも、上杉氏が改修したつくりかけの城がたくさんあるそうですよ。

桜井　いまの西山城は植宗の時期の城ではないの？

濱　本丸と中館の発掘で一六世紀初頭の遺物が出ているので、植宗の時期にこの場所が使われていたのはたしかだけど、郭の形とか城道のルートは全然わからないそうです。

桜井　伊達の時期の遺構は確認されていないの？

濱　本丸では裏門といっているあたりを掘って、越前焼が出たので、パンフに載っているちんけな柱穴の掘立柱建物は伊達の時期でいいそうですよ。裏門跡は二時期あるのを確認したらしいけど、年代はわからないといっていました。

清水　中館はどうなんですか。

濱　中館では現在の入口で、平入の坂虎口《さかこぐち》になっているところがありましたね。そこを発掘したらしいのですが、門などの遺構はみつからなかったそうです。瀬戸の灰釉《かいゆう》陶器が出たので、もしかしたらこの平入虎口は伊達のころかな、ということです。

桜井　上杉のつくりかけの跡は、どこだといっているの？

濱　飯村さんの考えでは、本丸の平場や堀ばかりでなく、中館・西館の立派な堀や土塁や虎口も、上杉

本丸裏門跡を歩く二人

段階のつくりかけだとみるほうがよいというのです。本丸の平場は広いだけでダラダラだったし、中館の南側にある枡形《ますがた》の虎口は、どんづまりで郭へのあがり口がないから途中で工事をやめていますよ。西館の虎口も出入口になってなくて、変だなと思ったのですが、飯村さんによると、西館には別に虎口(巻末縄張図・虎口B)があって、それがいまの土塁と堀で埋められていたそうです。だから西館には二時期の虎口があるのはまちがいなしです。その古い虎口が伊達かといわれると、それはペンディングだそうです。

清水　本丸と中館・西館がふたつに分かれたような二元的な構造になっていますよね。それは伊達のころでよいとみているのですか。

濱　いまある形は城の体をなしていないけど、本丸と中館自体は、しっかりわかれているから、両方の空間とも伊達の時期に併存していたと考えた方がいいということです。現況にまどわされて、時期がちがうなんてみないで、家臣団の郭群も含めて二元的・三元的な構造として伊達の段階を考えるべきだという話でした。

しまりのない本丸跡の平場

城郭のオモテとオク

桜井　そういうことはよくある現象なのでしょうね。上杉の手が入っていたにしても、本丸といわれている場所より、生活空間は中館にあるように感じたよね。中館のほうが標高は高いしね。
濱　標高を変えるほどの大規模なつくりかえはないとみていいそうです。
清水　稙宗のプライベートな空間とオフィシャルな評定衆会議を開くような場所で、郭がわかれていた可能性はありますね。
桜井　絵図の大館は、建前上はいちばん地位の高い郭であるのかもしれないけど、めったに使わない。いちばん使うのは中館とか西館だった可能性が高いという印象をうけましたね。
清水　御隠居館というネーミングがあとでつくのも、稙宗というキャラクターを象徴するのは西館のほうだという伝承が語られていた可能性はありますね。
桜井　中館殿が稙宗お気に入りの側室だとすれば、あそこがいちばんだよ。
清水　中館殿はどれくらい魅力的な女性だったのかな。
桜井　意外に田舎くさい、ふつうの女性じゃないの。（笑）
濱　なんで田舎くさい女性だと思うのですか。
桜井　神経質で武闘派で細かいヤツは、大らかで田舎くさい、ぶてっとした女性のほうが安心できるんだよ。（一同爆笑）
清水　「肝っ玉母さん」の京塚昌子みたいな。
濱　若い読者で京塚昌子、知ってる人、もういないでしょ。（笑）
桜井　正妻の蘆名の娘は、シュッとした百済観音《くだらかんのん》みたいな女性でね。女優でいえばタイムスクープハン

ターの杏ちゃんだな。（笑）

清水　えぇ〜！　稙宗は都《みやこ》かぶれだから、むしろ京風の王朝文学的な引目《ひきめ》鉤鼻《かぎばな》おちょぼ口《ぐち》の下《しも》ぶくれが好みなんじゃないですか。でも、そしたら、どのみち中館殿は京塚昌子タイプか…。（笑）

桜井　蘆名の娘が百済観音でね。でも下館《しもだて》殿がわからないね。中館はあとから来るんだね。

清水　そうでした。上と中を最初につくって、あとから下をつくることはありえない。上と下があるから、あとで中ができる。子供を生んだ順番から考えても、下館よりも中館のほうが新参者なんですよね。

桜井　それにしても、ほんとうに西山城の本丸とは用意していたような離れぐあいだね。たぶん、最初から中館・西館はあったんだよ。愛人ができてはじめてつくったわけじゃないね。ほんとうは最初、中館は下館だったかもしれないね。下館殿よりも稙宗好みの中館殿ができたから、どこかに除けてしまってね。いまの中館は、最初、下館だった。

清水　名前が変わったということですか。

桜井　蘆名の娘がいる本丸が大館で、中館と西館は二つにわかれていなくて、最初はひとつの郭で下館といっていた。もっといい側室ができたから下館殿を西に移して、西館と中館をつくった、と

中館と西館を区切る直線的な堀

いうストーリーはどう？

清水　いわれてみれば、現在の中館と西館を仕切る堀は変に直線的で、あとから機械的に分割したような感じではありますね。

濱　稙宗のころには浅めの区画溝があって、そこを上杉が「防御にならん」と勘ちがいして、いまの堀と土塁をつくったとしたら、案外、そのストーリーでいけるかもしれない。

桜井　中館殿が最後に来たのだからね。下館を半分に割って中・西にわけた。これで決まったな。（笑）

清水　空間的にも奥にプライベートスペースがあってもいいですね。

桜井　本丸は表だから先に行くんだよ。でも城のつくりとしては、ふつうは本丸がいちばん奥だな。

清水　近世的な見方では、本丸は政務とプライベートが一体化して、しかも空間的には中枢にくるのは常識ですけど、中世城郭でそうなっているかどうかは、わからないですよ。

桜井　標高的に本丸のほうが低いというのはあるのかな。

清水　ほかの城跡だって、便宜的にいちばん高いところを本丸とよんでいるだけで、ほんとうに当主の館がいちばん高いところにあったかどうか、わからないのではないですか。山城にもオ

伝大手門跡

モテとオクの概念をとりいれてもよさそうですよ。
近江の清水山城は、詰めの城である山の上には連歌なんかをやる会所《かいしょ》空間があったらしいですね［新旭町教育委員会 二〇〇二］。信長の岐阜城も、山頂に接客用の施設があったと、フロイスが書いています。ふだん信長が政務をおこなうのは麓の館で、山上の高い風光明媚な場所にゲストルームが設けられていて、親密な人間だけをそこで接待する。

濱　そうすると、本丸に直接むかう化粧道からつづくいまの道は、なんだか怪しい気がしたけど、意外に当時も生きていたのかな。いまの大手門跡（写真）と台場跡は、飯村さんの話だと仙台藩が戊辰戦争のときにつくったものらしいのですが、ほかに本丸にアクセスできるルートはなさそうだから、伊達のころにも道があったのかもしれませんね。いまの大手門跡に、あの桑折寺にある山門が建っていたのですかね。

桜井　いまの大手門跡は中途半端な場所で、あそこに大手門があったとするのは美学に反するね。

清水　桑折寺山門（写真）は、西山城が廃城になって伊達が米沢に移るとき、西山城の門を下げ渡されたものだと伝えられていますね。西山城の唯一の遺構だというのですが、ほんとうですかね。あの門をほんとうに稙宗がくぐったのですかね。

桑折寺山門

桜井　あんな妙なつくりの門は江戸時代にはつくらないでしょう。すごいつくりだよ。専門家もそう鑑定しているんだよね。とくに棟札《むなふだ》があるわけではないのね。

清水　建築様式からの判断ですかね。

桜井　異様であることはまちがいないね。なるほど、室町といわれるとそんな感じがしたね。

清水　あの門は城の門としてはかなりキザですよ。

桜井　あの門が橋のところにあったらダメなのかな。

清水　あのみやびな感じだと、中館の中門《ちゅうもん》あたりにあってほしいな。京文化好みの稙宗なら、そのほうが似合っていると思う。

桜井　小洒落《こじゃれ》た門だよ。下の柱はみた感じだとあとから接ぎ木したようだけどね。屋根は檜皮葺《ひわだぶ》きだったのかな。茅《かや》でもいいけどね。でも屋根の形は当初のままだよね。あれはかなりキザだな。

清水　僕は中館の中門に使うのがいいと思うな。加えて、庭園遺構なんかが発見されるともっといいけど。とにかく評定衆は稙宗がいる中館には入れなくて、彼らは日常的に大館に出入りしている。

桜井　いまの道が生きているとすれば、大館が表むきで、奥が中館だよ。

2　西山城と伊達領の景観

西山城内の構造につづいて、話は周辺の寺院の配置や家臣の居住区画におよぶ。現在の景観から、戦国時代の風景をどこまで再現することができるのか。そして、稙宗は家臣団の城下集住に成功したのか否か。さらに後半で話は西山城を離れて、伊達領内の景観の話題に移る。「塵芥集」に出てくる「在所」や「在家」とは、どのようなものだったのだろうか？

西山城と寺院

清水　われわれが飛びこみで行ったのに、観音寺のご住職の息子さんには親切に対応してくださって、本来なら四月一六、一七日にしかご開帳しない観音像まで特別に拝観させていただきましたね。延宝絵図に出てくる「観音大仏」というのが、まさにあの観音像だったんですね。

桜井　絵図にお寺がいくつかあるのは全部伊達関係の寺と考えていいのですか。全体からみると、産ヶ沢よりも内側にあるからお城のなかになるね。

清水　もともとは伊達氏四代の政依《まさより》が梁川に、満勝寺《まんしょうじ》・光明寺《こうみょうじ》・観音寺《かんのんじ》・東昌寺《とうしょうじ》・光福寺《こうふくじ》という伊達五山とよばれる禅宗寺院をこしらえていたらしいのです。そのうち光明寺を除く四ヶ寺と輪王寺《りんのうじ》を、稙宗が西山に移るときにいっしょに移したみたいです。西山城が廃城になったことで、さらに四ヶ寺が米沢に移っていって、いま西山に残っている伊達氏所縁の寺院は観音寺が唯一で、あとは東昌寺跡、輪王寺跡、満勝寺跡、光福寺跡が絵図に出ていますね。いずれも、かつては伽藍があったのでしょう。産ヶ沢を城の境界とすると、満勝寺と輪王寺と光福寺は城外ということになりますかね。

観音大仏を、息子さんは四代政依のころのものだとおっしゃっていましたね。

桜井　政依は、いつごろの人？

清水　鎌倉中期の人(一二一七〜一三〇一)です。観音大仏は、桑折町教育委員会のパンフレットには一四世紀ごろの特徴を示しているとありますね。

桜井　「観音大仏」と絵図に出てくるのがいまの観音寺さんなの？

清水　延宝絵図には、少し離れたところに大きく「観音堂跡」が描かれていますよね。もしかしたら、植宗の時期には、観音寺はいまの場所にはなかったのかもしれないですね。この絵図の「観音堂跡」の場所にあったのかもしれない。

桜井　観音寺さんには観音大仏のほかに仏様があったね。

清水　息子さんの話だと、東昌寺に釈迦堂があって、東昌寺が廃寺になったので仏像を引きとってきたということですね。

桜井　それともうひとつ、三三年に一度ご開帳する秘仏の聖観音《しょうかんのん》があるといってたけど、絵図には出てこないね。絵図に「古三十三躰　観音堂跡」と書いてあるね。もしかしたら、三三年に一度開帳される聖観音かもしれないね。いまは三つの仏さんが観音寺に集まっていることになるから、お城のなかにあるのは家臣団の屋敷と寺院…。

清水　いまの舗装道ではなくて、坂町のなかの城につながる旧道をたどろうとしたけど、あの旧道が残念ながら観音寺で寸断されていますよね。

桜井　あそこは屋敷地になってほしい場所だね。あの周辺はたぶん壊されたのだろうね。

清水　旧道をさえぎって建っていることを考えると、そもそも稙宗時代に、あの場所に観音寺さんがあったかどうか、疑ってみる必要があるかもしれませんよ。

桜井　延宝絵図に出ている「観音堂跡」にあったかもしれないね。でも観音大仏は城内にあったんだよね。

清水　絵図で「観音大仏」と書いてある場所は、いまの観音寺さんの場所でよさそうですよね。一方の「観音堂跡」は、少なくとも延宝の段階ではもうすでに堂跡になっていて、お寺の体をなしていないわけで、百姓屋敷になっていると書いてありますね。あるいは、廃寺になったから大仏もいまの場所に移したのかな。

桜井　延宝の絵図をみると、お寺の存在観は際立《きわだ》っているよ。西山は宗教空間という感じがするな。

清水　西山をかこんで、周囲に結界のようにお寺が配置されていますね。駿河館の裏には輪王寺があって、城内には東昌寺があって、観音寺がある。周辺には満勝寺も光福寺もある。

桜井　絵図に「満勝寺」があるけど、行かなかったね。しまったな。「御墓所」とあるね。

清水　お墓は、伊達家初代の朝宗《ともむね》の墓所だそうです。

濱　お墓自体はパンフの写真でみるかぎり、近世以降の五輪塔ですね。

桜井　絵図の「観音堂跡」や「満勝寺跡」に行けばなにかわかったのかな。

清水　「満勝寺跡」は朝宗のお墓が残っているので場所はわかるのですけど、絵図のような堀が残っているかどうかはわからないですね。「観音堂跡」は、場所からすると果物畠になっているのでしょうかね。

稙宗以前の西山

桜井　そもそも天文元年（一五三二）に稙宗が入る以前の西山は、どうなっていたのかな。

清水　西山城の前身は、「九代政宗が応永年間に鎌倉公方《くぼう》と対決して籠城した赤館《あかだて》ともいわれています」とパンフには書いてありますけどね。

桜井　それはわからないね。発掘で遺物も出ないのであればね。それまでは梁川か。

濱　飯村さんによれば、梁川城では鎌倉期の遺物が出土していますね。梁川城の近くに鎌倉時代の磨崖《まがい》仏《ぶつ》もあったりして、もともと古い寺院があったところに鎌倉後期に伊達が移ってきたということです。

桜井　西山の古い時期の遺跡はみつかっているの？

濱　常陸館の近くにある遺跡で鎌倉時代の遺物が出土して、満勝寺跡の朝宗墓所の試掘でも鎌倉期の永《よう》福《ふく》寺《じ》系の瓦が出ていますね。西山も梁川と同じように鎌倉時代以来、宗教的に重要な場所だったのでしょうね。

清水　戦国時代に新しい城をつくるときに、それ以前に宗教施設があった場所にお城をつくるとか、意図的に城の守り神としてお寺をつくるということをしますよね。

桜井　西山城も観音寺のほうが古いんじゃないの。秘仏の聖観音は気になるね。パンフには平安時代末の作とあるね。

濱　写真をみると聖観音はかなり傷んでいるので、仏様の時期は専門家にみてもらわないとわかりませんけど、髪際がおでこ側にちょいと下がっているのは鎌倉期以降の特徴だといわれていますね。

桜井　もし秘仏の聖観音が鎌倉までいくなら、観音寺が先にあって、その近くに稙宗は城をつくったのかもしれないね。

清水　たしかにたんなる軍事要塞というのではなくて、城に宗教的な意味あいをもたせることはありますよね。

桜井　西山は聖地だったんだよ。

清水　その可能性はあってもいいですね。

家臣たちの居住区

清水　お城だけでなく、駿河館と常陸館のように城周辺の郭に重臣層の名前が小字《こあざ》として残っているのもおもしろいところですね。実際に行ってみると、常陸館はお城から見下ろせる位置にありましたね。

濱　人の動きもわかりますよ。

清水　完全に稙宗から、〃上から目線〃で把握されてしまう位置でしたね。六角氏の観音寺城ほどわかりやすくはないですけど、身分関係が標高であらわされているのがよくわかります。僕が峯駿河守の館だろうと推測する駿河館は、いまの不動院がある場所で、小字でも駿河館の地名が残っていましたね。ただ本丸の真下にあるくせに、城にはまわりこんで行かなければならないから、アクセスがとても悪い。

桜井　駿河館から直接お城にアプローチする道はなかったね。

清水　産ヶ沢を渡らなくてはいけないので、ぐるっとまわらないとお城に入れない。

濱　こうした郭の配置は、家臣団の集住といっていいのですか。

清水　集住とまでいえないかな。

桜井　峯と中野以外には郭の名前は残っていないようだけど、ほかの重臣の郭はあったのかな。

濱　地名の調査はまったくすすんでいないようです。

清水　「近江館」という地名が、絵図にはないのですけど、いまの桑折駅のほうにあったらしいですね。小林宏さんが地名を拾っていて、「塵芥集」に署名した富塚近江守ではないかと書かれています。

桜井　「塵芥集」に連署しているクラスは、みんな郭をもっていたのかな。

西館から常陸館を見下ろす

清水　もっていたのかもしれないですね。

桜井　たまたま伝承が途切れているだけか。重臣たちの居住形態としては、あるていど、一般的と考えていいのだろうか。

清水　かりに家臣団の集住が実現していたとしても、それを稙宗権力の強さのあらわれと評価していいかどうかは、一概にはいえませんけどね。家臣たちにしても主人の城にアクセスしやすいほうがいいわけで、強制されなくても、西山にいたほうが合理的だとなれば、彼らが自発的に城下に居館を構えることはありえますからね。

桜井　ほかの大名はどうなんだろうね。城下に重臣たちの屋敷地はあるのかな。

清水　有名な「朝倉孝景条々《あさくらたかかげじょうじょう》」なんかをみると、大名が家臣を一乗谷《いちじょうだに》に集住させようという志向性をもっていたことはまちがいないと思うのですが。あと『勝山記《かつやまき》』（甲斐国の日蓮宗寺院の年代記）には、武田信虎が拠点を甲府に移すときに、周囲に家来を集住させている記事がありますね。

桜井　重臣たちは自分の所領にも屋敷はあるでしょう。領地の形態はどうなっているのかな。領域的な領地をもらっているばあいと、あちこち飛び地でもらっているばあいがありうるね。あちこちに散在していれば、城下にいるほうが合理的な選択だね。でも領域的にもらっているのだったら、その領地に拠点があるほうが合理的だよ。

清水　それはわからないんじゃないですか。しいていえば、「塵芥集」に出てくる「館廻《たてめぐ》り」（152条）がそうですね。一種の拠点として認められているわけで、中野や峯といった家臣は、どこかよそに「館廻り」をもっているのかもしれません。

桜井　「館廻り」の放火を禁止していた条文があったね。「館廻り」はどこを指しているのかな。

清水　スケールはちがいますが、この西山城でいえば、産ヶ沢をこえた麓の坂町のあたりが「館廻り」ですかね。

桜井　産ヶ沢にかこまれたいまの観音寺がある周辺と、常陸館とか駿河館なんかも含めたところだろうかね。城内でも科人成敗があったのかな。科人成敗のときに放火してはダメだとあるよね。

清水　ここで放火したら危険ですよ。

桜井　放火されることがたまにはあったから、ダメだと書いたわけでしょ。でも、この場所を放火するかな。放火してはダメだと決めなくてはいけないということは、放火するヤツがいたんだね。それは想像しにくいな。「館廻り」は科人が発生しうる空間でもあるわけだよ。お城は産ヶ沢よりも西側で、あとは少し離れたところに桑折町屋があって、それ以外は屋敷が連続しているわけではないよね。

清水　近世の城下町のイメージとはちがいますね。

桜井　城と家臣団の居住地があって、そこから町人地は少し離れている。そうすると、西山城の「館廻り」は、いまの観音寺がある周辺しか考えにくいね。科人成敗があれだけ出てきて、おもにどこで科人成敗がおこなわれることが多かったのか。

清水　「生口《いけくち》」が拘束される「沙汰所《さたどころ》」もどこなのでしょうね。あるとしたら産ヶ沢の内側ですよね。本丸・中館・西館は考えられないので、観音寺の下にあった坂町公民館あたりですかね。

桜井　あそこだよ。それはまちがいないね。（笑）

清水　桜井さん、めんどくさくなって、テキトーなことといってるでしょ。（笑）

伊達領の風景―館廻・在所・在家―

桜井　あとは「在所」だね。「在所」はどこですか。家臣団の屋敷は、広大な屋敷みたいだというイメージだったけど。

清水「在所」は、この絵図の外側に展開していた世界なのでしょうね。商業的なトラブルは、あきらかに桑折の町屋を想定していますけど。「数百人の中」だから踏みこんでいい（171条）というのも、きっと桑折は人口数百人規模の町屋だったのではないですかね。稙宗の目の届く範囲の商業集落は、桑折でしょうね。坂町や化粧道は考えにくい。

桜井　科人を追跡していたら、ひょいと目についた家臣の屋敷に逃げこむという話があったね。そうすると、家臣たちは、根小屋に住んでいたわけではないな。重臣はたぶん郭を与えられて、それよりや下の家臣になると、館というほどではないにしても、集住ではなく散在して屋敷をもっていたのかもしれない。

清水　伊達の直属被官が百姓であるパターンがありましたね（76条）。すべての被官が根小屋に住んでいたわけでなく、城の外のエリアで、ふつうに百姓をやっていて、有事のさいには西山城に馳せ参じるという存在もかなりいたとみてよいのではないですか。

ですか。

濱　この根小屋のエリアにそんなに人が住んでいたとは思えないですよね。そもそもここは根小屋なのですか。

清水　思わず根小屋といっちゃいましたけど確証はないですね。でも城郭用語では根小屋ではないの？

桜井　根小屋には主君の屋敷がないとダメだよね。

清水　そうか。じゃあ根小屋ではないですね。

桜井　主君の屋敷がないからね。なんていえばいいのかな、郭内なのかな。あるいは家臣居住区かな。それにしても、家臣が住むにしてはスペースがないね。家臣たちの屋敷の「在所」は散在していたのかね。「在所」への捜索をどうするかという条文もあったね。

武家屋敷がならんでいて、しかも町屋とも連続していて、犯罪者がひょいと逃げこめそうな家臣団の邸宅もけっこうあるという景観であれば、イメージはぴったりだけど、どうもそうではないね。科人成敗をどこでおこなったかだね。しかし「館廻り」だったら、「館廻り」と書くよね。

清水　「館廻り」は、西山にかぎらず、個々の家臣たちの支城みたいなものを想定していますよね。

桜井　そうだね。現地をみてわかったことと、わからないことがあるね。科人成敗で「在所」に踏みこむ、踏みこまないという話だったから、近世城下町のような都市域が面的に広がっているところだとイメージがぴったりだけど、でもそう考えなくてもいいのかな。

19条には「科人命を免れんために人の在所へ走り入り」とあるから、駆けこみなのだろうね。重臣の屋敷はアジール的な性格をもっているから、たまたまというよりはむしろ、意図的に逃げこむことも多かったのかもしれないね。

清水　主従関係のない無関係の家ではあるけど、そのさいに逃げこむ側も、ここに逃げこめば大丈夫だと、それなりに選んでいるんでしょうね。追跡する側も伊達の重臣の屋敷に逃げこまれたとあっては、なかなか踏みこめないですよ。

濱　「在所」は、あちこちにあったんじゃないですか。

桜井　そうだね。この西山城のまわりでなくて、全伊達領内にね。「在所」というのも規模がわからないね。その「在所」の亭主が捜査するというのだからね。

清水　地頭のもつエリアが「在所」？

桜井　所領まで広げてしまっていいのかな。

清水　「在所」に潜入して犯人を探しても、すぐ出てくるようなイメージではないですね。一軒家で見まわせばみつかるという感じではないし。

桜井　一町規模（約一〇〇×一〇〇メートル）くらいあるのかね。

清水　わからないですね。気になりますね。

桜井　一町くらいだったら「在所」のなかを探すってことはあるよね。

「在家」のイメージ

清水　「在所」はわかりませんが、小林清治さんが「〇〇内」という地名が中世の在家跡だと書かれていたので、移動中、バス停や信号の地名表記で「〇〇内」というのを注意していたんですけど［小林清治 一九六六］。「〇〇内」といっても、そんなに家屋が密集しているわけではないし、だら〜っと畑が広がっているような土地ばかりでしたね。案外、在家は広いのかもしれないですね。農地と家屋を包摂して、小字ひとつ分くらいの規模ですかね。

桜井　在家の規模とかは書いてあるのかな。

清水　誉田慶恩さんが在家の研究をしていて、伊達の買地安堵状に出てくる在家の大きさなどを調べています［誉田 一九七七］。在家の内に屋敷の表記がある在家はあるけど、屋敷表記のない在家はなかった。そこから、もともと家があって田んぼがあったのだけど、家がなくて田んぼだけの存在も在家とよぶように意味が変わっていったのではないか、とのことです。あと小林清治さんも、在家の広さを計算しています［小林 一九五五］。買地安堵状で在家ひとつの貫高は平均二〜三貫文で、年貢一貫文の田んぼは、二・五反〜五反であることから考えて、およそひとつの在家の広さは一町くらいになるのではないかということです。

桜井　地頭の所領単位というか、在家を与えられる感じなのですか。

清水　「塵芥集」の時代には、もう在家制は崩壊していて、郷村制に変わっているようです。伊達の段銭帳をみても、すでに郷単位の表記になっています。在家は西日本でいう名《みょう》みたいなもので、戦国期には形骸化していたようです。

桜井　「塵芥集」に「在家」と出てくるのは四ヶ条だよね。

清水　逃散《ちょうさん》の禁止（80条）と、百姓が在家の境を紛らかしてはならないという条文（81条・82条）、あとは用水問題（85条）ですね。

桜井　地頭に対して「在家」の境界を紛らかしてはならないということは、地頭の所領単位と「在家」が一致しているのではないの。

清水　このばあいは、ふたつの「在家」が地頭領のなかに包摂されているのではないですか。百姓が地頭に対して「在家」の境を紛らかすのはけしからんという条文です。

桜井　別の地頭に協力して百姓が境界を紛らかすのではなかった？

清水　**「当地頭《たうぢとう》かの在家《ざいけ》の境《さかひ》、田畠《でんぱく》のありどころ知《し》らざるのゆへ、百姓《しやう》田地《でんち》を踏隠《ふみかく》し」**だから、新任の地頭が来て、土地の事情を知らないことをいいことに百姓が「在家」の境を紛らかすのはけしからんと。この読みでいいですか。

桜井　あんまりよくないな。だって、「在家」の境を変えたって、包摂されているのだったら、同じことでしょう。境界を変えるとその地頭の収入が減るということは、「在家」が変わると別の地頭領になるのではないのかな。僕もこの81条は気になっていて、「在家」の境を紛らかすと、地頭にとって損失になるということは、紛らかしたら隣りの地頭のものになってしまうのかなと思ったのね。

清水　そうですね。82条の後半は、ふたつの地頭領の問題に発展しているらしいから、もめるのはわかるのですが。81条や82条の前半は同じ地頭領で百姓が「在家」の境界を操作しても、なんの得もないはずなんですよね。あるいは、隣接しあう百姓が結託して、隠田《おんでん》みたいなことをしようとしているんですかね。

桜井　飲みながら話すことではないから、細かいネタはもうやめよう。（一同爆笑）

清水　絵図の「満勝寺跡」なんかは周囲に堀がめぐらされていて、百姓屋がすっぽり入っていますから、こんなところが「在家」のイメージではないですか。いわゆる垣内《かいと》集落みたいに。

濱　「塵芥集」の「在所」ではなく「在家」ですか。

「在所」のイメージ

清水　ええ、「在家」のほう。

桜井　「在所」もこんな感じでいいんじゃないの？

清水　そんな結界をもっているんですか。明確な区画がありますかね？

桜井　盗賊が駆けこんだ「在所」の「門垣を切り」といっているからね。

清水　そうか。だとすれば、このかたちが「在所」でもいいのかもしれないですね。

桜井　こんなものが伊達領内に散らばっていたんだよ。

清水　でも「在所」って、つねに空間としてひとつにまとまっていたのですかね。たとえば、あちこちに所領が分散していて、その総称が「在所」である可能性はないですか。「在所」って、「在家」よりももっと茫漠《ぼうばく》と所領が広がっているようなイメージだったんですが。

桜井　でも「塵芥集」の「在所」が散在していたら、門垣を切らなくてもいいじゃない。

清水　あれはマジカルな意味なんじゃないですか。

桜井　マジカルでいいのかね。『信長公記』は完全に印になっているからね。目印だったら、家がならんでいないと目印をつける意味がないよね。

濱　門垣を切られた者は、匿っているのを否定できないのでしょ。

清水　むかし働いていた高校の同僚と、いまでも年に一回旅行をするんですが、近世の百姓一揆の研究をしている人もいるので、かならず義民碑《ぎみんひ》とか百姓一揆の史跡なんかをまわるのですよ。そのとき、百姓一揆が襲撃した百姓屋をいくつか見学したことがあるのですが、かならず家の大黒柱に斧でざっくり傷が入れられているのです。すごくシンボリックな場所にあえて傷を入れていて。乱闘のすえに傷がついたなんてものではなくて、あれは完全に家主のステータスを否定する意味あいですね。戦国時代の廃城のときの「城破《しろわ》りの作法」みたいに。大黒柱に傷をつけるとか、門柱を傷つけることによって、すべてを破壊するわけではないけど、象徴的な場所を傷つけることで、家の存在自体を否定する。

桜井　垣はともかく、門はそうだね。

清水　あくまで部分的な破壊なんだけど、そこを傷つけられたら、すべてを否定されたのと同じになってしまうような、そんなシンボリズムが中世にはあったのではないかと思うのです。

桜井　「在所」が分散しているようであれば、場所を特定する目印のために門垣を切るという意味は薄いね。でもマジカルなものだったとしても、やっぱり「在所」は門垣に囲まれて一ヶ所にまとまっていてほしい気はするな。

3　稙宗の夢のあと

福島の夜はふけて、「もっきり」の日本酒はいくたびも干された。帰りの新幹線を待つために立ち寄ったはずの駅前の居酒屋での時間もいつしか流れ、「塵芥集」談義もかなり脱線気味に。名残りおしいが、そろそろ帰りの新幹線の時間だ…。最後は二人でその後の「塵芥集」がたどった運命、稙宗の人物像、そして戦国法の読み方について、自由に語ってみた。

伊達綱村の功績

桜井　この延宝の西山城絵図は、綱村《つなむら》が故実を調べるためにつくったんだよね。

清水　梁川《やながわ》城絵図もそうですね。自分のご先祖の事蹟を調べるためですね。

桜井　綱村が稙宗を発掘したようなものだな。

清水　綱村は少し変わり者ですよ。伊達家の歴史の編さんに異常な情熱を注いでいるようです。おもしろいのは、ほかの大名などにわざわざ「なんで伊達の家紋と上杉の家紋が同じなんでしょうか。伊達家と上杉家はむかし、親戚だったんでしょうか」と問いあわせたりしているんです(『大日本古文書　伊達家文書』二二四七号)。伊達家と上杉家の家紋が同じ〝竹に雀〟なのは、稙宗が三男実元《さねもと》を上杉家の養子にねじこもうとしたときに、上杉家から彼が家紋をもらっているからなんですが、もうそんなことは完全に忘れ去られてしまっているんですね［長谷川 一九九六］。

桜井　綱村がいなかったら、稙宗は発見されなかったかもしれないね。

清水　小林宏さんがそう書いていますね［小林宏 一九七二］。綱村は歌舞伎「伽羅先代萩《めいぼくせんだいはぎ》」のモデルにもなった寛文伊達騒動（仙台藩のお家騒動、一六六〇～一六七一）で毒殺されかかった伊達亀千代丸なんですね。ゴタゴタのなかで幼年で当主にさせられたことなどもあって、コンプレックスなんかもあったんですかね。長じてから精力的に伊達家の歴史編さんに心血を注いで、故実を調べたりしはじめて、そのなかで延宝七年（一六七九）に「塵芥集」がはじめてみいだされたということです。

桜井　稙宗は綱村のような子孫がいてよかったね。

清水　そういえば、綱村のお父さん、綱宗《つなむね》は、伊達騒動で家臣たちにつるしあげられて、蟄居《ちっきょ》させられているのですね。主君押しこめで強制隠居させられて、それでわずか二歳の綱村が擁立されたかたちです。自分の実の父親は家臣たちに干されたのですよ。

桜井　綱村は、自分のお父さんを稙宗に投影してたんだよ。

清水　そうかもしれませんね。「伊達正統世次考」の編さんのときにも、稙宗と晴宗が親子で争った天文の乱を描くと伊達家の恥部を描くことになるので、やめたほうがいいんじゃないですかと、家臣が上申したら、「天文《てんぶん》内乱はとかく隠《かく》れぬこと、隠し候ては、諸事指支《さしささ》え申し候」（天文の乱があったことは事実なのだから、それを隠しては、かえっていろいろ差し障りがある）といって、ありのままの事実を描けと指示をだしています(『大日本古文書　伊達家文書』二〇五七号)。だから、天文の乱の、その時点で集められるかぎりの記録を家臣たちから召しあげて、稙宗派と晴宗派の動きを克明に描いている。そんなことふつうのモチベーションではやらないですね。

桜井　綱村は歴史家だね。

清水　ひじょうに実証主義的ですね。

濱　伊達家としては、天文の乱は語り継がれていたのですか。

清水　綱村が編さん作業をはじめるまでは、ほとんど忘れられていたようですよ。たぶん、調べているうちに家臣たちも知ったのではないかな。なにもみんなが忘れていることをほじくり返して、寝た子をおこすようなまねをする必要はないじゃないか、というのが家臣の本音だったんでしょうね。「しかもへんな分国法みたいなものまで見つけたのですけど、これどうしたらいいですか」って。(笑)

桜井　政宗は勝者に育てられた人だからね。伏せられていたのかもしれないね。

清水　家臣たちが「人あたりのきついおじいちゃんだった」と政宗に吹きこんだのでしょうかね。

桜井　輝宗《てるむね》だって息子の政宗に殺されてしまうね。

清水　政宗の輝宗殺害も仕方なくだったのか、どうなのか。輝宗も、そのまた親父の晴宗とケンカしていますからね。ほんとうだったら戦国の伊達家の歴史はかなり血なまぐさいはずなんだけど、綱村は利害関係なんかなく、純粋に故実として、いまどのていどわかるのかを調べたのでしょう。しかも桑折や梁川は伊達領内ではないですよ。たぶん、わざわざ人を派遣して調べさせたのですよ。

桜井　このころはだれの領地だったの？

清水　梁川は一七三〇年まで尾張徳川家の分家の松平氏が三万石で治めていて、桑折は一六六四年まで米沢藩、その後、幕領を経て、一七〇〇年には奥平松平氏二万石の桑折藩になるそうです。

桜井　伊達が調べたいといってきたから、調べさせたのだろうね。

清水　でも、仙台藩も西山の観音寺に何かを寄進したり、特別視した形跡が全然ないですね。観音寺の事蹟のなかでも、稙宗のことはまったく削除されていて、稙宗はかわいそうだなと思いますよ。

桜井　ほんとうに夢のあとだね。

愛すべき稙宗

清水　観音寺さんの口から稙宗の夕の字も出ないなんて、ちょっとかわいそうでしたね。もっと顕彰してあげたいなと思いますよ。だって、地頭職権の制限でいえば、政宗のほうが稙宗よりよほどきついですよ。稙宗は早熟だったんですね。意余《いあま》って力足《ちからた》りずっていう感じがありますよ。

桜井　「塵芥集」は、まだかわいらしいよ。

清水　たしかに桜井さんのいったとおり、陸奥国守護が決めるルールじゃない、なかには、ほんと高校の校則みたいなものがみられますよね。

桜井　稙宗は、家臣を信用できなかったんだね。

清水　たとえば近道を通られても、稙宗の威厳になにか大きな傷がつくようなことではないですよ。それをわざわざ規制するなんて、ちょっと細かすぎますね。

桜井　すべての訴訟は、いきなり当主のもとに届いたのかな。

清水　話としては耳に届いていたはずですね。「婦猛《めたけ》きにより」夫を追いだすなんてことまで。

桜井　そんなことは奉行衆がやれよって話だね。

清水　守護使《しゅごし》にあたる者に遵行《じゅんぎょう》に行けと指示をだした文書が一通だけ残っていますけどね(『大日本古文書　伊達家文書』一六七号)。実際の稙宗時代の伊達家の支配機構がどうなっていたのかは、よくわからないみたいです。

桜井　近道を破ったかどうかなんて、別に当主まであげなくていいじゃない。

濱　それを報告しないと怒るのではないですか。

桜井　「なんで言わないんだ」って。

清水　「そういう細かいことからちゃんとやらないからダメなんだよ」って。

桜井　「バカ者!」「このむて人が!」って怒って、敵をつくったかな。

清水　かなり下の者にはつらくあたったんじゃないかな。そのくせ権威主義で上杉の家紋をもらって喜んだり、京風の連歌師を招いて喜んでいるところもあって、完全に権威に背をむけて下剋上をやるのかっていうと、そうでもないところがありますね。

桜井　清水君はまだ稙宗を好きになっていない?

清水　いやぁ、それもふくめて僕はかわいらしいと思いますよ。(笑)隣人にはいてほしくないけど、遠くから観察しているのがおもしろい。
桜井　それはあるな。
清水　電車の隣りの車両くらいから「あのオジサン、次、なにはじめるかな」ってみているのがいいな。
（一同爆笑）

戦国法の読み方

清水　もうかなり夜遅くなってきて、そろそろ東京へ帰らなくてはならないけど、桜井さんが現地見学にこんなに食いつくとは思わなかったですね。
桜井　ふだんあまり行かないから、たまに行くとおもしろいよね。
清水　自分で中観音寺橋を見つけて喜んでいるし、発掘現場をみて「あれ、（遺構のある場所を）外しちゃったの」って食いついていましたね。僕なんか発掘現場をみても、チンプンカンプンですよ。
濱　ほどよく遺跡が残っていたから食いつきがいがあったのでしょう。梁川城は食いつき悪かったですからね。
桜井　梁川城跡は小学校と庭跡だけだからね。なんともいいようがないね。
清水　桜井さんはそんなに現地みるのは好きではないと思っていましたけど、勝俣さんもあまり出たがらないですね。勝俣さんのお仕事をみても民俗学的なものはありますけど、歴史地理的な、フィールドワークでオチをつける話はなさらないですね。

桜井　勝俣先生は現地をみるとダメだと思っているね。現地をみるとよけいな知識で史料を読んでしまうからね。それはむかしからよく叱られたね。既成の知識で読んじゃダメだ、一字一句ないがしろにせず、忠実に訳さなきゃいけないとね。佐藤進一門下はみんなそうだね。

清水　あぁ、現地には行かないようにしていたのですね。めんどくさいとか苦手だという人はいますけど、それとはどうもちがうみたいですね。

桜井　別に行かないようにしていたというわけではないのだけど、たしかに史料を読むときは、いろいろな知識をもって読むと、字面どおり読んでいるつもりでも、おのずとバイアスがかかってしまうんだよ。笠松先生もいっしょで、第一印象が大事だといってたね。

清水　文書《もんじょ》による第一印象ですか。

桜井　大学院で鎌倉幕府追加法などを読んでいたときに、第一印象が大事だとね。

清水　「あれ、これなんだろう」ってひっかかる。

桜井　人とは全然ちがう読み方をする人がいてね。笠松先生は第一印象がずれているんだなとおっしゃってね。でも、その第一印象が大事なんだとね。

清水　それは誤読かもしれないけど、なんでそんな素《す》っ頓狂《とんきょう》な解釈をするのだろう、というのがけっこう大事だと。

桜井　そう。あらゆる解釈が大事。

清水　でも、それもやっぱり経験がものをいう部分ですよね。

桜井　ナイーブな解釈がよかったのに、いろいろ調べていくとだんだんナイーブではなくなってきてね。それでいい方向にいけばいいけど、直感で読んでいた読みのほうが案外正しかったりする。いろんなことを知りはじめると目が曇ってくるんだね。

清水　中世にこんなことはない、ほかに類例がないと決めこんでしまう。

桜井　現地をみたあとだと、その様子からこう解釈するのだろうという、バイアスがかかるんだね。

清水　私が教わった藤木久志先生は逆で、卒業論文指導でもなんでも、現地に行かずに机だけの仕事でまとめたものだとわかると、すごく怒られました。「あなたは、そこに行ってないのですか」って。そのことがほんとうに知りたいのだったら、ふつうだったら居ても立ってもいられないはずだと。

桜井　どっちの言い分もわかるんだよ。現地をみると雑念が入るというのもわかる。字面どおり読まなくなるからね。細かい部分は経験で読んでしまうから。だから、まずは字面で勝負して、そのあと現地をみて検証するのがいちばんいい手順かもしれないね。

清水　それは藤木先生もそうですね。藤木先生は現地は大事だというけど、一般むけの文章を別にすれば、研究論文のなかで歴史地理的な説明でオチをつけたことはないんじゃないかな。絶対に現地をみているのだけど、本文のなかではみていないかのような書き方をしていて、注のなかで傍証として「現地ではこうだ」という言い方をする。だけど、現地の状況とか地名の分布をもとに論文本文のオチにすることはないですね。最後のシメは、やっぱり中世文書できめる。

桜井　それはわかるね。とにかくまず字面だけで解釈してみて、そのあと現地をみて、あの解釈にまちがいはなかったと確信できたらそれでいいし、まちがったと思ったら、修正すればいい。最初に現地をみてから史料を読むよりも、理想的には史料を読んでから現地をみて、そのうえで「あの解釈でほんとうによいか」と、自分に問うてみるのが大事だね。

清水　まさに「戦国法の読み方」ですね。

濱　いいオチがついたところで、そろそろ帰りましょう。おあいそ、お願いしまーす。

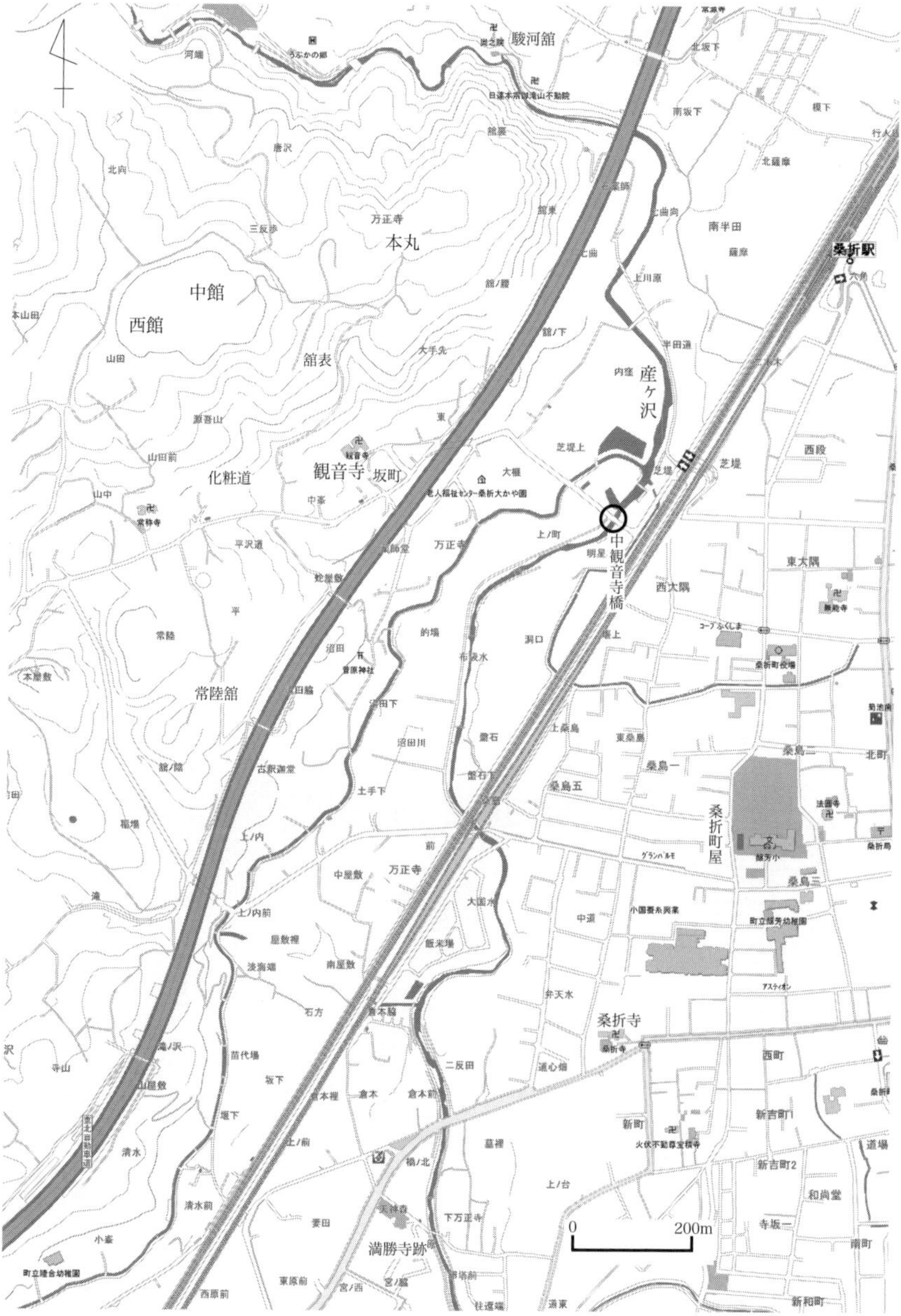
駿河舘
本丸
中館
西館
舘表
観音寺
坂町
化粧道
産ヶ沢
中観音寺橋
常陸舘
桑折町屋
桑折寺
満勝寺跡
桑折駅
0
200m
万正寺
大手先
北向
山田
山田前
平沢道
常陸
本屋敷
稲場
上ノ内
上ノ内前
屋敷裡
石方
苗代場
坂下
清水
清水前
要田
東原前
西原前
町立睦合幼稚園
芝堤
西段
東大隅
西大隅
洞口
桑島一
桑島五
東桑島
桑島二
桑島三
中道
弁天水
西町
新町
新吉町1
新吉町2
和尚堂
寺坂一
南町
新和町
道場
南半田
北薩摩
上川原
半田道
二反田
倉本
倉本前
上ノ台
下万正寺
天神森
中屋敷
南屋敷
飯米場
桑折町役場
コープふくしま
小国蚕糸興業
町立醸芳幼稚園
火伏不動尊宝積寺
老人福祉センター桑折大かや園
菅原神社
日蓮本宗「滝山不動院

桑折西山城周辺図

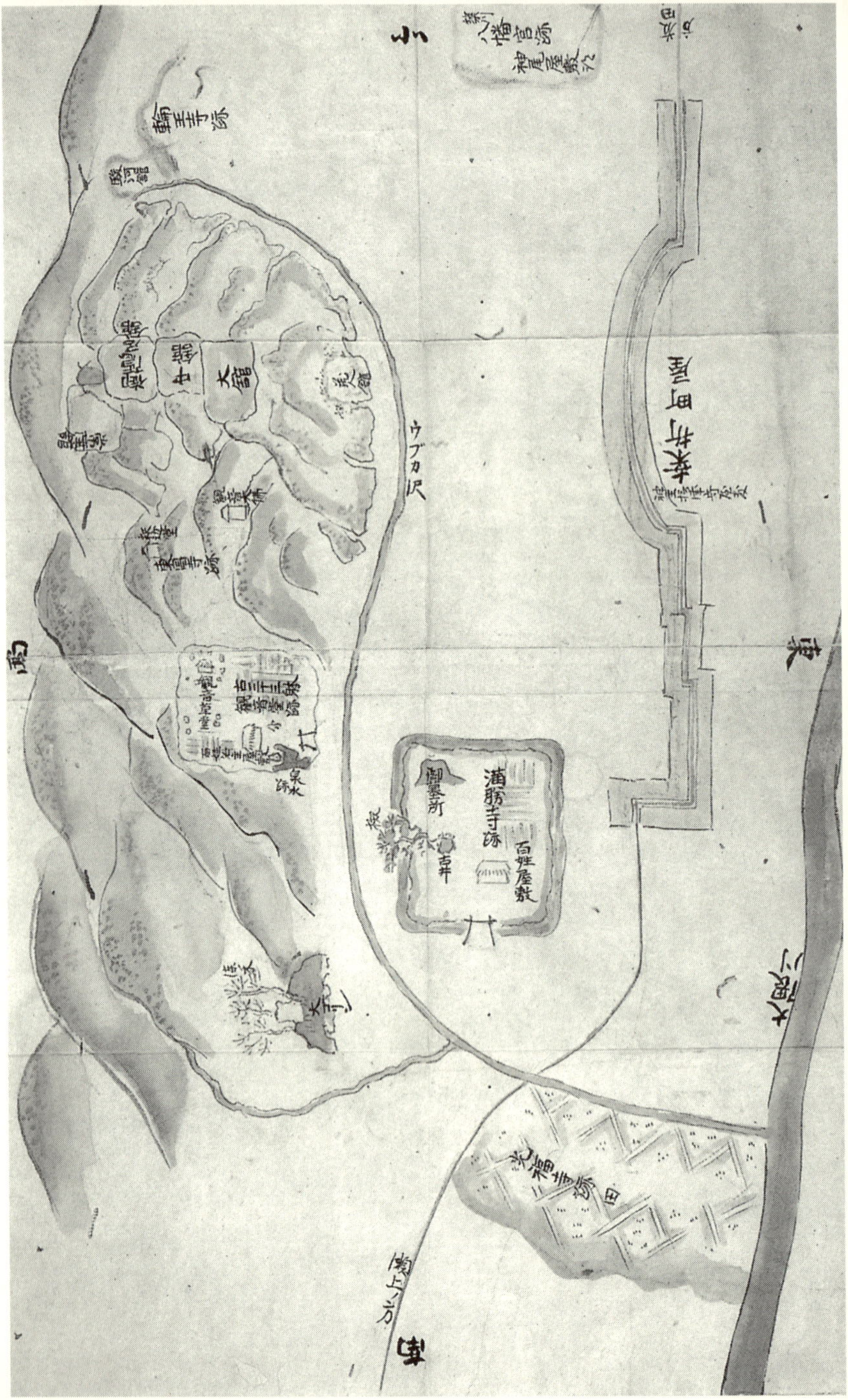
浦勝寺跡
百姓屋敷
御墓所
古井
ウブカ沢
大館
中館
輪王寺跡
東
南

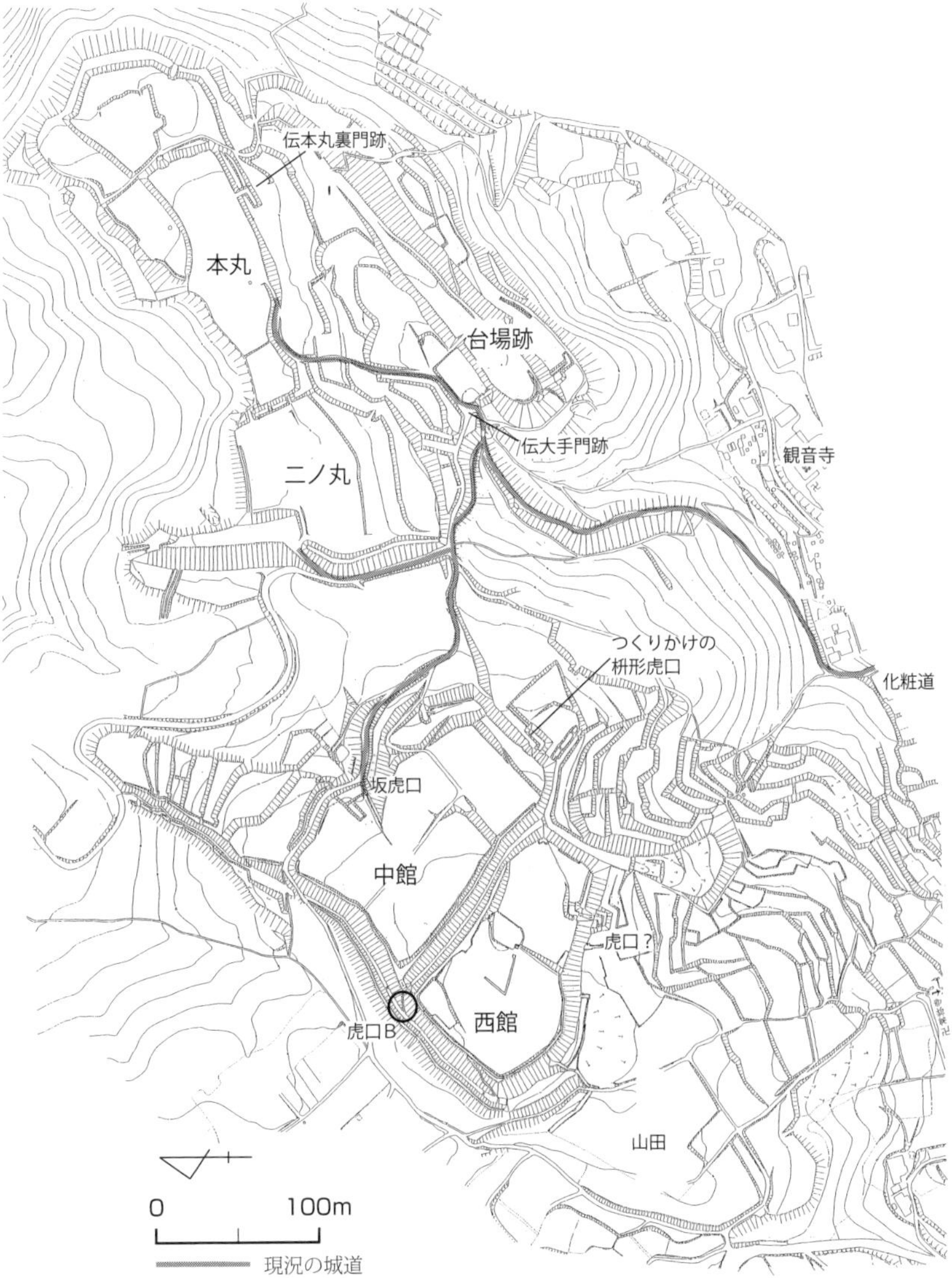

右：桑折西山城絵図（宮城県立図書館所蔵）
左：桑折西山城縄張図（桑折町教育委員会 2011 に加筆）

伊達稙宗略年表

年		齢	主な出来事
長享 2	1488	1	誕生。父・尚宗。母は越後守護上杉定実の姉か妹
永正 6	1509	22	将軍義稙に太刀・銭を贈る。「伊達次郎」
永正 8	1511	24	稙宗内政の初見史料「買地安堵状」（塵芥集 98 ～ 103 条に対応）
永正 10	1513	26	段銭・棟別銭賦課の初見史料
永正 11	1514	27	父・尚宗死去。
永正 15	1518	31	義稙から一字拝領「稙宗」を名乗る。左京大夫任官
永正 16	1519	32	貫高表示の出現
永正 17	1520	33	最上出陣
大永 1	1521	34	寒河江出陣
大永 2	1522	35	陸奥国守護職補任の「報せ」
大永 5	1525	38	守護職補任の礼がなく、管領細川怒る。稙宗無視
享禄 1	1528	41	葛西領へ侵攻
天文 1	1532	45	梁川城から桑折西山城へ居城を移す。田村領侵攻
天文 2	1533	46	「蔵方之掟」制定
天文 4	1535	48	「棟役日記」の成立
天文 5	1536	49	**「塵芥集」制定**　大崎領侵攻
天文 6	1537	50	政略結婚の推進
天文 7	1538	51	「段銭帳」成立。領国検地実施。越後上杉への入嗣計画
天文 11	1542	55	伊達天文の乱。晴宗、稙宗を西山城に幽閉、すぐ脱出
天文 15	1546	59	稙宗、西山城回復
天文 16	1547	60	稙宗、西山城退去。晴宗(30)の家督相続、稙宗は丸森へ隠退。晴宗、居城を米沢に移し、西山破却。
永禄 8	1565	78	稙宗、死去。

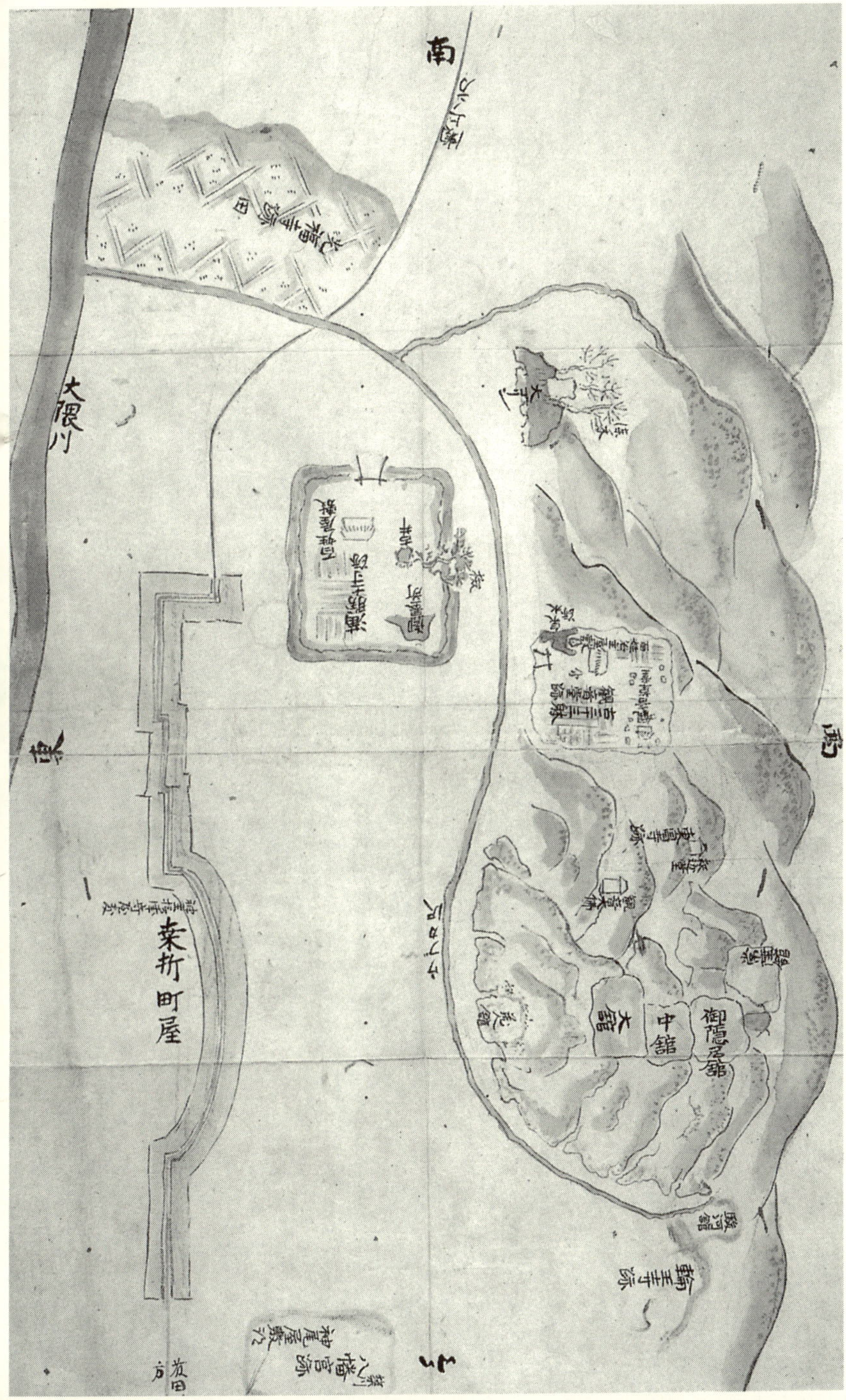
南
桑折町屋
大館
中館
御隠居館

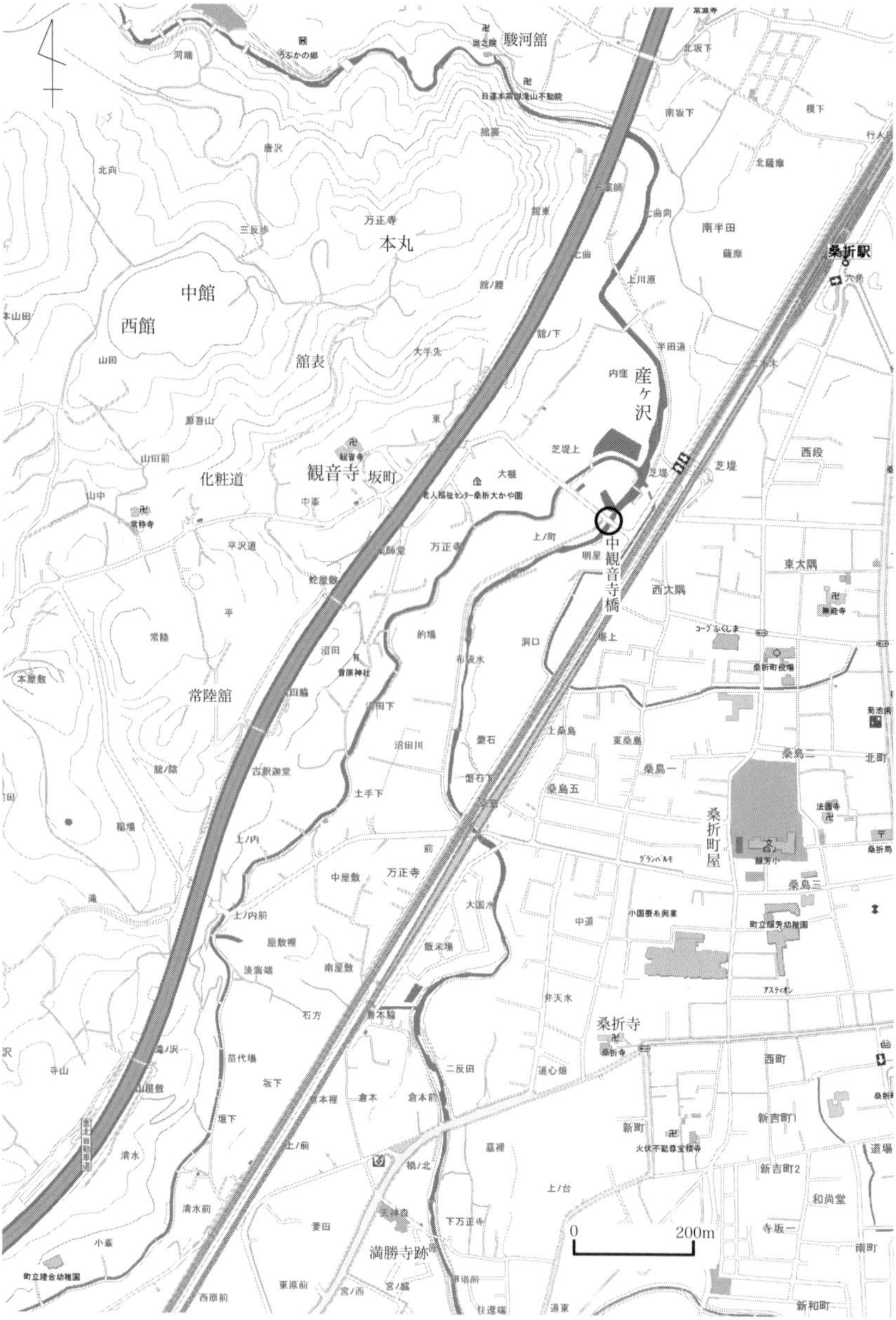

桑折西山城周辺図

伊達稙宗略年表

年		齢	主な出来事
長享 2	1488	1	誕生。父・尚宗。母は越後守護上杉定実の姉か妹
永正 6	1509	22	将軍義稙に太刀・銭を贈る。「伊達次郎」
永正 8	1511	24	稙宗内政の初見史料「買地安堵状」（塵芥集 98 ～ 103 条に対応）
永正 10	1513	26	段銭・棟別銭賦課の初見史料
永正 11	1514	27	父・尚宗死去。
永正 15	1518	31	義稙から一字拝領「稙宗」を名乗る。左京大夫任官
永正 16	1519	32	貫高表示の出現
永正 17	1520	33	最上出陣
大永 1	1521	34	寒河江出陣
大永 2	1522	35	陸奥国守護職補任の「報せ」
大永 5	1525	38	守護職補任の礼がなく、管領細川怒る。稙宗無視
享禄 1	1528	41	葛西領へ侵攻
天文 1	1532	45	梁川城から桑折西山城へ居城を移す。田村領侵攻
天文 2	1533	46	「蔵方之掟」制定
天文 4	1535	48	「棟役日記」の成立
天文 5	1536	49	「塵芥集」制定　大崎領侵攻
天文 6	1537	50	政略結婚の推進
天文 7	1538	51	「段銭帳」成立。領国検地実施。越後上杉への入嗣計画
天文 11	1542	55	伊達天文の乱。晴宗、稙宗を西山城に幽閉、すぐ脱出
天文 15	1546	59	稙宗、西山城回復
天文 16	1547	60	稙宗、西山城退去。晴宗(30)の家督相続、稙宗は丸森へ隠退。晴宗、居城を米沢に移し、西山破却。
永禄 8	1565	78	稙宗、死去。

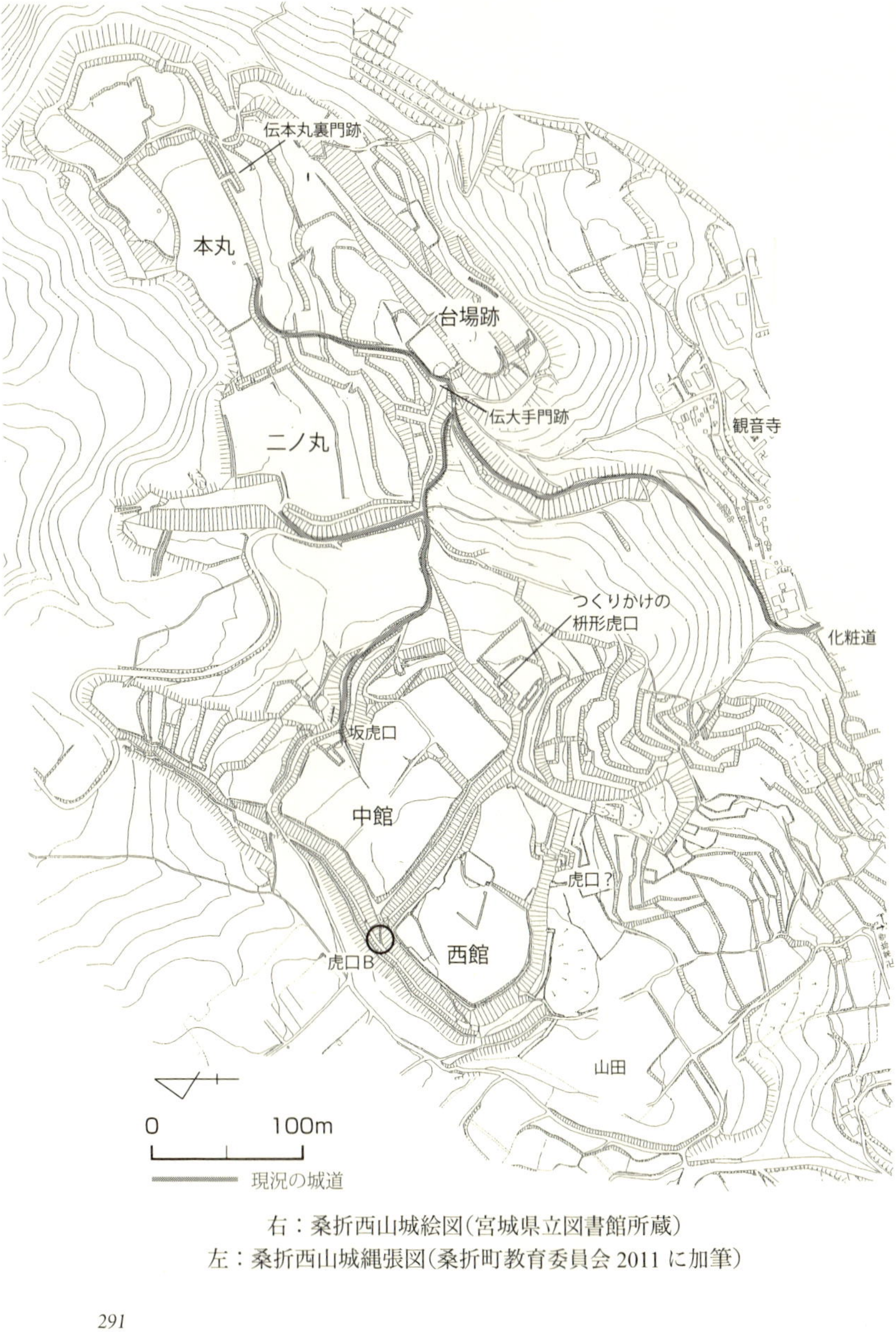

右：桑折西山城絵図（宮城県立図書館所蔵）
左：桑折西山城縄張図（桑折町教育委員会 2011 に加筆）

佐竹昭広「勝利の歌」（同『下剋上の文学』筑摩書房・一九六七年）
佐藤憲一「伊達政宗の手紙にみる『三濁点』と『二濁点』」（『仙台市政だより』二〇〇三年一月号）
清水克行「中世社会の復讐手段としての自害」（同『室町社会の騒擾と秩序』吉川弘文館・二〇〇四年）
清水克行「分国法と中世社会」（『龍谷史壇』一三八・二〇一三年）
下村　效「伊達氏の亡失質物弁済規定」（『戦国史研究』四・一九八二年）
新旭町教育委員会『シンポジウム・織田信長と謎の清水山城』（サンライズ出版・二〇〇二年）
菅原正子「戦国大名の『法度』と分国法」（『経済志林』八〇—三・二〇一三年）
栃木史学中世史部会「分国法語彙索引」（『栃木史学』七・一九九三年）
中澤克昭『中世の武力と城郭』（吉川弘文館・一九九九年）
中澤克昭「殿村遺跡とその時代」（松本市教育委員会編『殿村遺跡とその時代Ⅱ』二〇一三年）
中田　薫「古法雑観」（同『法制史論集　四』岩波書店・一九六四年、初出一九五一年）
長谷川伸「越後天文の乱と伊達稙宗」（『国史学』一六一・一九九六年）
藤木久志「知行制の形成と守護職」（同『戦国社会史論』東京大学出版会・一九七四年、初出一九六六年）
藤木久志「身代りの作法、わびごとの作法」（同『戦国の作法』平凡社・一九八七年、初出一九八六年）
細川亀市『史的研究：日本法の制度と精神』（青葉書房・一九四四年）
誉田慶恩『東国在家の研究』（法政大学出版局・一九七七年）
前川祐一郎「壁書・高札と室町幕府徳政令」（『史学雑誌』一〇四—一・一九九五年）
村石正行『中世の契約社会と文書』（思文閣出版・二〇一三年）
Wilhelm Röhl,Jinkaishu,Tokyo,1960.

「塵芥集」条文索引

※本書で引用した条文を中心に作成した。
※各条の見出し語は読者の便をはかって適宜付したもので、太字は史料引用のページを示す。

❖仙台市博物館のご案内❖

〜塵芥集をもっと学びたい人のために〜

◇塵芥集は常設展示室で展示されることがあります。展示期間については年4回大幅な展示替えをおこなうため、直接お問い合わせください。

◇所在地〒九八〇─〇八六二　仙台市青葉区川内26

電話　〇二二(二二五)〇八一四

FAX〇二二(二二五)二五五八

◇開館時間：9時〜16時45分(入館は16時15分まで)

◇休館日：月曜日(祝日・振替休日の場合は開館)、祝日・振替休日の翌日(土・日曜日、祝日の場合は開館)、12月28日〜1月4日

◇常設展観覧料：一般・大学生400円(320円)、高校生200円(160円)、小・中学生100円(80円)

※(　)内団体料金(30名以上)

◇くわしくは仙台市博物館のホームページをご覧ください。

おわりに

戦国法の〝読み方〟と高言しておきながら、読み返してみると、ずいぶんと負け試合の山を築いたものである。清水氏もたぶん同じ心境だろう。ここでいう負け試合とは、テキストに解釈しきれない部分を残したり、あるいは有望と思われた仮説やアイデアが途中で挫折したりといった、要は史料解釈に成功しなかった条文である。しかし読者は私たちの勝ち試合よりもむしろ負け試合においてより多くの〝読み方〟を学べたにちがいない。なぜなら、通常このようなやり損ないや試行錯誤の過程が活字になって外部に出ることはまずないからである。「はじめに」で清水氏も書いているとおり、大方の著作では、そのような格闘のあとは清書の段階できれいさっぱり消去され、あたかもモーツァルトのスコアのように一発でその解釈にたどりついたかのような体裁をとるのが普通である。

けれども、私たちはあえて手の内を明かすことにした。それは私たちのいわば恥部に属することだが、それをさらけ出すこと、つまり私たちの頭のなかをのぞいてもらうことが読者にはいちばんの学習になると考えたからである。まずは本書がそのような私たちの尊い自己犠牲のうえに成り立っていることをご理解いただきたい。

とはいえ、本書にもいろいろと問題はあって、たとえば、とうてい戦国法の〝読み方〟とはいえないような脱線や飛躍がときどき顔を出すことがある。とくにⅣ章の大半は、あとで読み返してみると居酒屋でのごく普通の酔っ払いの会話であり、このような、別の意味で恥ずかしいものを公衆の目にさらしてよいのかという迷いもなかったわけではないが、それをあえてそのままにしたのは、ひとつには読者の皆さんにも臨場感を味わってほしかったのと、もうひとつは、本書がひそかに私たちの「みちのく道中記」でもあったからである。

清水氏と高志書院の濱久年氏とはたまたま同じ京王電鉄利用者ということもあって、下高井戸や下北沢、調布、井の頭公園、明大前、高尾山口など、京王線・井の頭線沿線のどこかでときどき落ち合っては盃を傾けてきた。本書の構想もそうした酒席を重ねるうちに少しずつ具体化していったものだが、土湯温泉での対談にはその延長の小旅行という側面もあったように思う。だから、虫のいいお願いではあるが、ときたまみられた脱線や飛躍は旅人の昂揚した気分がそうさせたのだとお目こぼしいただければ幸いである。

最後に、冒頭で触れた土湯温泉の足湯は、私たちが訪れた七月下旬でなければ、案外適温なのかもしれない。みやげ物屋の店先に並べられたいわゆる「土湯型こけし」もひなびた味わいがあってよかった。福島には土湯以外にも名湯がたくさんある。本書の内容に興味をもたれた方は、温泉旅行などを兼ねて、ぜひ一度植宗の旧跡にも足を運ばれてはいかがだろうか。

二〇一四年四月一四日

桜井 英治

【著者略歴】

桜井 英治（さくらい えいじ）

1961 年生れ，東京大学大学院総合文化研究科 教授

［主な著書］

『日本の歴史 12　室町人の精神』（講談社，2001 年。講談社学術文庫版，2009 年）
『贈与の歴史学』（中公新書，2011 年）
『岩波講座 日本歴史 中世Ⅰ』（共編著・岩波書店，2013 年）
『交換・権力・文化』（みすず書房，2017 年）

清水 克行（しみず かつゆき）

1971 年生れ，明治大学商学部 教授

［主な著書］

『室町社会の騒擾と秩序』（吉川弘文館，2004 年）
『喧嘩両成敗の誕生』（講談社選書メチエ，2006 年）
『日本神判史』（中公新書，2010 年）
『戦国大名と分国法』（岩波新書，2018 年）

高志書院選書 10

戦国法の読み方―伊達《だて》稙宗《たねむね》と塵芥集《じんかいしゅう》の世界―

2014 年　5 月 25 日　第 1 刷発行
2020 年 11 月 15 日　第 2 刷発行

著　者　桜井英治・清水克行

発行者　濱　久年

発行元　高志書院
〒101-0051 東京都千代田区神田神保町 2-28-201
TEL03(5275)5591　FAX03(5275)5592
振替口座　00140-5-170436
http://www.koshi-s.jp

Ⓒ *Eiji Sakurai /Katuyuki Shimizu 2014 Printed in japan*

印刷・製本／亜細亜印刷　装丁／ BowWow

ISBN978-4-86215-136-0

高志書院選書

1 中世の合戦と城郭	峰岸純夫著	四六・290 頁／2500 円
2 修験の里を歩く	笹本正治著	四六・230 頁／2500 円
3 信玄と謙信	柴辻俊六著	四六・230 頁／2500 円
4 中世都市の力	高橋慎一朗著	四六・240 頁／2500 円
5 日本の村と宮座	薗部寿樹著	四六・180 頁／2500 円
6 地震と中世の流通	矢田俊文著	四六・240 頁／2500 円
7 聖地熊野の舞台裏	伊藤裕偉著	四六・240 頁／2500 円
8 対馬と倭寇	関　周一著	四六・190 頁／2500 円
9 民衆と天皇	坂田　聡・吉岡　拓著	四六・200 頁／2500 円
10 戦国法の読み方	桜井英治・清水克行著	四六・300 頁／2500 円
11 霊場の考古学	時枝　務著	四六・240 頁／2500 円
12 戦国民衆像の虚実	藤木久志著	四六・300 頁／3000 円

〈以下、続々刊行予定〉

九州の中世 全4巻

❖大庭康時・佐伯弘次・坪根伸也編❖

I	島嶼と海の世界	2020. 2. 10 刊	A5・186 頁／2200 円
II	武士の拠点 鎌倉・室町時代	2020. 3. 10 刊	A5・296 頁／3000 円
III	戦国の城と館	2020. 4. 10 刊	A5・360 頁／3800 円
IV	神仏と祈りの情景	2020. 5. 10 刊	A5・200 頁／2500 円

中世史関連図書

新版中世武家不動産訴訟法の研究	石井良助著	A5・580 頁／12000 円
国宝 一遍聖絵の全貌	五味文彦編	A5・250 頁／2500 円
琉球の中世	中世学研究会編	A5・220 頁／2400 円
北関東の戦国時代	江田郁夫・簗瀬大輔編	A5・300 頁／6000 円
戦国期文書論	矢田俊文編	A5・360 頁／7500 円
治水技術の歴史	畑　大介著	A5・270 頁／7000 円
中世武士と土器	高橋一樹・八重樫忠郎編	A5・230 頁／3000 円
中世石工の考古学	佐藤亜聖編	A5・270 頁／6000 円

［価格は税別］